Beatrice Anderegg

Mein Weg zum Urvertrauen

Geistiges Heilen – Station der Hoffnung

1. Auflage Juni 2004
Titelbild: "Madonna" von Beatrice Anderegg

ISBN 3-937536- 06 -X

Ubooks
Karolinenstraße 12
86150 Augsburg

www.ubooks.de

Inhaltsverzeichnis

Vorwort

Als langjährige Heilerin in der Elisabethenkirche Basels sind für mich Krankheit und Heilung, ohne die Sinnfrage zu berühren, nicht zu verstehen.
Durch eigenes Leiden, aber auch durch das Schicksal vieler anderer Betroffener habe ich erfahren, dass der Mensch oft erst durch den Schmerz der Seele oder des Körpers gezwungen wird, sich die Sinnfrage, das „Wozu?“ zu stellen und nach Antworten zu ringen. Die anklagende Frage „Warum gerade ich?“ des anfänglich Hadernden kann ihn dadurch vom Suchenden zum Findenden werden und schließlich als Verwandelten aus dem Leiden hervorgehen lassen. Krankheit vermittelt uns die Chance, uns zu prüfen, unser bisheriges Selbst zu transzendieren und zu einer völlig neuen inneren Sicherheit zu finden. Geborgenheit in den liebenden Händen einer höheren Macht wird unser Herz erfüllen und wir finden zurück zu einem Selbstvertrauen, das nicht auf der Gesundheit oder Schönheit unseres endlichen Körpers, sondern der unendlichen Seele beruht – eine Rückfindung zum Urvertrauen, zur Re – ligion, zur Wiederverbindung mit Gott.
Ich möchte mit diesem auf meiner Biographie beruhenden Buch nicht eine bestimmte Lehre vermitteln, sondern den Leser dazu anregen, sich der Gesetzmäßigkeiten seines eigenen Lebens bewusst zu werden. In diesem Buch lehre ich auch nicht das Heilen, genauso wenig wie ich Mitgefühl lehren könnte, das die Urkraft ist, welche uns bewegt, durch liebende Zuwendung anderen in ihrer Not beizustehen.
Mein Anliegen ist anderer Art: Einem Menschen behutsam und geduldig, Schritt für Schritt, Wege aufzuzeigen, die ihn zu neuem Urvertrauen führen. Zu dem Gefühl der Geborgenheit eines Kindes im Schoße seiner Mutter, zur Heimat in Gott. Menschen zu

helfen, einen Sinn in ihrem Leiden zu erkennen und ihnen auf Dauer etwas zu vermitteln, das nicht von mir oder meiner kurzen Zuwendung abhängt, darin sehe ich meine Aufgabe.

Heilerin Anna Magdalinka und andere Ahnen

Es war nicht irgendein gewöhnlicher Tag im September, als meine hochschwangere Mutter mit unserer Schwarzwälder Hausangestellten Emma, die ebenfalls ein Kind erwartete, einsam und verlassen in einem Grand Hotel in Luzern meine längst überfällige Geburt erwartete. Alle anderen Gäste waren schon fluchtartig abgereist und die kostbaren Teppiche des Hauses standen aufgerollt in den Ecken der Räume, denn in diesen Tagen, am 1. September 1939, war der Zweite Weltkrieg ausgebrochen.

Vergeblich hatte mein Vater einige Verwandte in der Innerschweiz um schützende Aufnahme seiner Frau und ihres ungeborenen Kindes gebeten, doch alle hatten Angst, denn meine Mutter war in Hamburg geboren und sprach hochdeutsch. Bereits während neun Monaten hatte sie um mich, ihr zweites Wunschkind, gekämpft, denn ihr unstillbares Erbrechen und die immer wiederkehrenden Blutungen hätten mein Leben fast beendet, bevor es begonnen hatte. Der trostlose und angsterfüllte Aufenthalt im ausgestorbenen Hotel in Luzern ließ meine Mutter nach einigen Tagen wieder nach Basel zurückkehren, wo ich dann an einem Sonntag, dem 10. September, endlich als Sturzgeburt das Licht der Welt erblickte. Ich sah aus „wie ein aus dem Nest gefallenes Vögelchen", wurde mir gesagt. Ich wurde dunkelblau im Gesicht, ausgezehrt und mit um den Hals geschlungener Nabelschnur geboren. Die Geburt kostete auch meine Mutter fast das Leben. „Ich habe mir dich verdient", sagte sie stets und ich hatte schon früh das Gefühl, mich um sie kümmern zu müssen. Als junges Mädchen war ich denn eher ihre Beschützerin, Freundin und Seelsorgerin als eine Tochter im landläufigen Sinn.

Die Eltern meiner Mutter stammten aus Dänemark und sie trug auch den Namen einer dänischen Königin, Tyra. Ein Vorfahre ihrer Familie Mikkelsen soll in Odense, demselben Dorf, in dem auch der Märchendichter Hans Christian Andersen lebte, Schuhmacher gewesen sein. Mein Opa, Peter Marius Mikkelsen, war Tierarzt in Hamburg und von ihm muss ich wohl meine Tierliebe geerbt haben.
Seine Frau, Oma Anna Magdalinka, so erzählte mir meine Mutter, pflegte ihre sieben Kinder, wenn ihnen etwas fehlte, bei bestimmten Mondstellungen mit hinaus in den Garten zu nehmen und übte dort die uralte traditionelle norddeutsche Kunst des „Besprechens" aus. Indem sie über Warzen und Wunden bestimmte Formeln sprach, soll sie die Beschwerden dadurch zum Verschwinden gebracht haben. Meine Mutter, die Jüngste von ursprünglich neun Kindern - die ersten zwei starben innerhalb einer Woche an Diphtherie - wuchs heran zu einer strahlenden, freiheitsliebenden, lebenslustigen und künstlerischen Frau, welche die Herzen überall im Sturm eroberte.
Doch unter diesen Qualitäten, die oft auch Neid erweckten, verbarg sich eine verletzliche, anlehnungsbedürftige und zerbrechlich zarte Seele, die sie nach einer kurzen ersten Ehe an Bulimie erkranken ließ, einer Krankheit, für die es damals noch keine Bezeichnung gab.
Anna Magdalinka pflegte ihr jüngstes Sorgenkind aber mit Hilfe von diversen Pendlern und Heilern wieder gesund und ausgerechnet dieser Oma, die als Einzige eine Vorläuferin war von dem, was ich heute bin, sollte ich nie begegnen, denn sie starb kurz nach meiner Geburt. Doch auch Opa Peter Marius Mikkelsen, den wir nach dem Krieg einmal besuchten, pflegte Hilfe außerhalb der Schulmedizin zu suchen. Wegen Magenbeschwerden reiste er in die Lüneburger Heide zu dem damals berühmten Schäfer Ast, einem Heiler, der sein Wissen um

Krankheiten aus der Wolle seiner Schafe bezogen hatte und auch bei Menschen Diagnosen aus deren Haaren stellen konnte.

Trotz ihrer körperlichen und seelischen Empfindlichkeit war meine Mutter aber eine Rebellin, die niemals Schwäche zeigte. Nur zweimal sah ich sie tränenerstickt. Beide Male nach einer telefonischen Nachricht vom Tode eines geliebten Menschen: Dem ihres jüngsten Lieblingsbruders Werner, der in einem Konzentrationslager umkam, da er gegen die Nazis Stellung bezogen hatte, und dem ihres Vaters.

Von meiner Mutter habe ich eindeutig ihre Stärke, aber auch meine Heiterkeit geerbt, die mich schon immer in allem noch etwas Gutes erkennen ließ, wenn ich auch von Leid und Schmerz nicht verschont wurde und mir dunkle Stunden nicht fremd bleiben sollten. Im Ertragen solchen Leidens war mir meine Mutter sicher ein wertvolles Vorbild, das mich von Kindheit an prägte. Aber sie hatte auch eine Zauberhand, die uns ein schönes Heim bescherte, das inmitten eines bunten Blumengartens mit duftenden Rosen, die sich an der Hausfassade emporrankten, stand. Für jedes Familienmitglied hatte sie einen Obstbaum gepflanzt und dieses Märchenhaus wurde zudem belebt von unseren Schäferhunden Garbo und Ito sowie fünf Katzen, von Kanarienvögeln und einem sprechenden Wellensittich, der uns alle bei unserem Namen rufen konnte. Eine Kirchgängerin war meine Mutter nicht und da ihr jegliche Heuchelei zuwider war, lebte sie auf ihre Art eine ganz besondere religiöse Dimension, indem sie meinen Bruder und mich mit in den Wald nahm und sagte: “Hier Kinder – seht die Bäume, die Sträucher, riecht die Walderde, fühlt das weiche Moos, der Wald – das ist unsere Kirche!“

Es prägte mich tief. Bis heute löst es in mir eines der höchsten Glücksgefühle aus, wenn ich in die Krone eines Baumes blicke und sehe, wie sich die Wipfel, die Zweige, Äste und Blätter abheben gegen den tiefblauen Himmel, so als ob die Bäume das Göttliche berühren wollten.

Der Wald war die Welt meiner Mutter. Gemütlichkeit war eines ihrer Hauptwörter und ein Leben in Haus und Garten ihr Traum, sodass sie kaum zum Reisen zu bewegen war. Sie malte, musizierte, sang, nähte und strickte, aber sie liebte es auch zu provozieren, dies sehr zum Leidwesen meines Bruders und mir, denn für uns war es der reinste Albtraum, wenn sie – gekleidet in ihre extravaganten Selbstgenähten, mit Kettchen am Bein, hohen Absätzen und Riesenhüten, die sie aus Hollywoodfilmen kopiert hatte - uns den Spießrutenlauf in Münchenstein zur Straßenbahn machen ließ!

Wir waren das Quartiergespräch, nur noch übertroffen durch die Mitwirkung unserer lieben Schwarzwälder Hausangestellten Mathilde, die die abgelegten Kleider meiner Mutter für sich abänderte. Nun schritten die beiden – meine Mutter groß und schlank in Giftgrün, Mathilde klein und rund in Lila neben ihr und beide mit Straußenfedern auf den Hüten – fortan im Doppel zur Haltestelle der Straßenbahn. Dann jedoch pflegten mein Bruder und ich durch Ausreden Abstand zu nehmen, denn der Spott und die Empörung der Bürger war uns in der damaligen Zeit sicher und er traf besonders uns Kinder. Dennoch war auch dies eine wichtige Lektion für mich, nämlich später ungeachtet kontroverser Meinungen und Anfechtungen, mit Mut, Unerschütterlichkeit und innerer Sicherheit zu mir selbst und meinen Visionen zu stehen und diese zu vertreten.

Meine Eltern waren so unterschiedlichen Geistes Kinder, dass diese Ehe nicht glücklich werden konnte. Deshalb wurde ich auch diesbezüglich schon früh zur Vertrauten und Trösterin meiner Mutter.

Sehr zu ihrem Leidwesen erbte ich aber ohne Zweifel die Reiselust und die Sehnsucht nach fernen Ländern und Kulturen

von Vaters Seite, ebenso mein früh erwachtes Interesse für östliche Religionen, Yoga und Philosophie.
Bei meinem Vater muss ich auf meinen Urgroßvater Johann Stehlin zurückgreifen, der ungefähr 1860 über Nacht aus Basel verschwand und seine Frau und zwei Kinder zurückließ. Eines der Kinder war mein Großvater Emil Stehlin. Urgroßvaters Tat war die Familienschande der Stehlins, weshalb man beschloss, ihn als Frühverstorbenen zu deklarieren. Alle seine erklärenden Briefe wurden vernichtet. Doch Geheimnisse, die offenbart werden sollen, finden oft wundersame Wege: Urgroßvater erlitt Schiffbruch vor Samoa in der Südsee, er ging an Land, heiratete dort wieder und hatte drei weitere Söhne. Diese heirateten Eingeborene, wurden zu Mormonen und bald war die Insel kinderreich bevölkert mit samoanischen Stehlins, die heute die typischen Gesichtszüge der Maoris tragen. Ungefähr hundert Jahre nach Urgroßvaters Verschwinden reiste dann ein Südsee-Stehlin namens Napoleon in die USA, nach Kalifornien, blätterte im Telefonbuch und stieß dabei auf denselben Namen. Nicht genug damit, er rief dort an und traf mitten ins Schwarze des dunklen Familiengeheimnisses: Am anderen Ende des Telefons war mein Onkel Thed, der nach Kalifornien ausgewanderte Bruder meines Vaters, und das Geheimnis wurde enthüllt! Zwei mittlerweile höchst unterschiedliche Familienstämme fanden nach einem Jahrhundert wieder zusammen.
Die damals verlassenen Kinder des „toten" Urgroßvaters blieben zurück in Basel und wurden anfänglich mühsam von ihrer Mutter mit Heimarbeit durchgebracht. Später übernahm der Patenonkel den Sohn Emil des Südseeabenteurers, schulte und förderte ihn. Mein Großvater war während drei Amtsperioden im Vorstand der Kirchgemeinde Elisabethen, wo ich heute als Heilerin tätig bin. In seinen Notizen fand man nach seinem Tode seinen Leitspruch:

„Mein Wunsch ist es, dass eine vom Geld völlig losgelöste Gottes- und Nächstenliebe in unserer unglückseligen Welt bald und endgültig siegen möge.“

Meine Basler Großeltern kannte ich kaum. Meine Großmutter saß gelähmt in einem Erker und war außerstande, mir zu antworten. Beide starben kurz nacheinander, als ich vier Jahre alt war. Großvater Emil Stehlin war Rektor der Handelsschule, heiratete und hatte fünf Kinder. Eines davon war mein Vater Johann Wilhelm.

Es schien das Schicksal Emil Stehlins zu sein, dass alle seine Kinder die Reiselust seines verschwundenen Südsee-Vaters geerbt hatten und, kaum flügge, den Duft der großen, weiten Welt zu atmen suchten. Blieben seine zwei Töchter doch wenigstens irgendwo in der Schweiz, so reiste sein Sohn Arnold nach Venezuela, Thed wanderte nach Kalifornien aus und mein Vater, gerade 20 Jahre alt, nahm 1919 eine kaufmännische Stelle in Hongkong und später in Shanghai an, die Reise dorthin dauerte damals drei Monate. Als Johann Wilhelm war er ausgewandert - als John William, von da an nur noch „Bill“ genannt, kam mein Vater nach einigen Jahren über Hamburg zurück in die Schweiz, nicht ohne in Hamburg einer bezaubernden jungen Frau namens Tyra Mikkelsen begegnet zu sein, meiner Mutter. Sie heirateten, lebten einige Jahre in Paris, wo mein Bruder, Pierre getauft, geboren wurde, und zogen später zurück in die Heimatstadt meines Vaters, nach Basel.

Zufall, dass auch die Eltern meines späteren Mannes Erwin zur gleichen Zeit im gleichen Bezirk von Paris wohnten, dort auch seine beiden Schwestern geboren wurden und nur wir beide das Licht der Welt in der Schweiz erblickten, wo wir dann zusammengeführt wurden?

Albträume und erste Heilversuche

Kriegsbeginn. Erschöpft von der schweren Geburt, die uns beide fast das Leben gekostet hatte, lag meine Mutter im Spital und hörte in panischer Angst die Flugzeuge über Basel brausen: „Ich konnte vor Schwäche nicht aufstehen und wusste nicht, wo mein Kind lag. Ich hatte solche Angst um dich!", erzählte sie mir oft. Auch in Reuti, Hasliberg, wo ich getauft wurde und wo wir des öftern unsere Ferien in den Bergen verbrachten, sorgte sich meine Mutter sehr und notierte im Tagebuch *Unser Kind: „Es war eine Flucht vor dem Krieg – vor den Bomben – und ihr Papi ist allein in Basel, musste sich von seinen Liebsten trennen. Jetzt müssen wir warten und hoffen, dass wir bald wieder in unser Häuschen nach Basel heimkönnen. Wer weiß, was uns bevorsteht."*

Ich blieb ein Sorgenkind, vertrug die Nahrung nicht und erkrankte, kaum etwas kräftiger geworden, bereits mit zwei Monaten an einer doppelseitigen Nierenbeckenentzündung. Doch trotz meiner anfälligen Gesundheit schien ich eine Urkraft in mir zu haben, die mich immer wieder überleben ließ. Heute weiß ich, dass all diese Krankheitserfahrungen zu meinem Weg und zu einem göttlichen Plan gehörten.

Auch später, als Schulkind, lag ich immer wieder wochenlang krank im Bett, mit hohem Fieber, das mich mit Halluzinationen ängstigte und in Schüttelfrösten beben ließ. Ein Fiebertraum wiederholte sich, stets der gleiche, bei jeder Erkrankung, als Kleinkind, als Schulkind, bis ins Erwachsenenalter:

Ich stand am Rande einer staubigen Straße, vor mir ein hoher Berg Steine, die ich aufschichten musste. Ich fühlte mich elend und krank, war schwach, voller Schmerzen und müde, so müde, dass ich hätte schlafen oder sterben wollen. Und die Steine fielen,

sobald ich einige von ihnen aufgeschichtet hatte, immer wieder herunter, doch ich musste sie weiter aufheben und auf den steinernen Berg legen, von dem, kaum hatte ich dies getan, ein paar der vorher geschichteten Steine wieder herunterpolterten. Ich war zu Tode erschöpft, meine Glieder, mein Kopf wie Blei, ich sehnte den Tod als Erlöser herbei - doch wie kann man sterben, wenn man bereits tot ist? Und so schichtete ich weiter und die Steine fielen, fielen ohne Ende.............und ich schichtete, schichtete und sie fielen und fielen..........
Sisyphusarbeit. Doch warum träumt ein Kind so etwas? Aus anlagebedingter Neigung zur Pflichterfüllung? Sind es Erinnerungen aus früheren Existenzen? Oder auch Zukunftsahnungen? Karma oder symbolhaltige Zeichen? Es konnte für mich kein Abbild meiner Realität sein, denn ich war ein von Liebe verwöhntes Kind und wurde aufgrund meiner zarten Gesundheit zusätzlich geschont. Genauso geheimnisvoll erscheint mir heute der Traum – ich war mir zwar sicher, wach zu sein – von dem kleinen grauen Zwerg, der in mein Kinderzimmer kam und mir zuraunte: "Das ist für deine Sünden!" Ich hatte, wie so oft, lange zuvor wach gelegen und den Geräuschen der Nacht gelauscht. Ich mochte etwa sieben Jahre alt gewesen sein, starrte in panischem Entsetzen das Wesen an und flüsterte zurück: "Aber ich habe doch keine Sünden – ich bin doch nur ein kleines Kind!"
Ein „Märchenkind" nannte man mich. Meine Märchenbücher liebte ich über alles und ich konnte sie lesen, bevor ich zur Schule kam. Die großen Komponisten kannte ich schon mit drei Jahren und unterschied sie nicht nur mit dem Musikgehör, sondern auch nach den Namen oder Erzählungen meiner Mutter. Mozarts Musik klang eben zart, Bachs Töne perlten wie das Fließen eines Baches und Beethoven erkannte ich, wenn meine Mutter die „Pathétique" oder die „Appassionata" auf dem Klavier spielte. Dann verkrampfte sich mein kleines Herz vor Mitleid mit dem

ertaubten Beethoven, denn meine Mutter hatte mir erzählt: „Die dunklen, klopfenden Töne in dieser Musik hatte Beethoven immer im Ohr, bevor er taub wurde.“ Ich pflegte, wenn sie spielte, auf dem Teppich neben dem Klavier zu liegen, hörte zu und wünschte mir so innigst, ich hätte dem armen tauben und einsamen Beethoven helfen können. Damals vielleicht spürte ich zum ersten Male, wie nahe Mitleid und Liebe beieinander liegen und, wenn beide vereint, zu Mitgefühl verschmelzen.

Meine ganz große Liebe aber gehörte den Tieren. Dies abgesehen von meiner Überzeugung, dass unser Schäferhund Ito gewiss ein verzauberter Märchenprinz sei, der eines Tages für mich sein Fell abstreifen würde, wie in „Die Schöne und das Biest“ das arme Ungeheuer. Mein erstes Wort war nicht etwa Mama, sondern „Teddy“ nach meinem geliebten Bär. Ich hatte eine stattliche Stofftierfamilie, die ich liebevoll hegte und pflegte, und auch unsere erste Katze zog auf meinen Geburtstagswunsch hin bei uns ein. Bald räkelten sich dann auch sämtliche Nachbarskatzen in unseren Sesseln, ausgenommen von Vaters Ohrensessel, in dem saß mit ausschließlichem Vorrecht – unser Schäferhund. Doch auch den Pflanzen, Blumen und Bäumen gehörte meine Liebe und ich erinnere mich an unsere Familienspaziergänge, die für meine Eltern wohl jedes Mal zur Geduldstrapaze wurden, da sie immer wieder auf mich warten mussten. Erblickte ich nämlich irgendwo einen Baum, aus dessen Wunden im Stamm das Harz heruntersickerte, hatte ich das Gefühl, der Baum wäre am Verbluten und ich müsste ihn heilen, indem ich Blätter suchte und diese mit meinen kleinen Händchen auf die Wunden hielt. Damals mochte ich etwa vier Jahre alt gewesen sein. Mein Bruder war sechs Jahre älter als ich und wäre nicht die Tochter unserer damals ebenfalls schwangeren Emma gewesen, wäre ich wohl wie ein Einzelkind aufgewachsen. Doch Jeannette, einige Monate nach mir geboren, wurde für mich zur

Schwester und ich konnte mit ihr spielen wie mit keinem anderen Kind. Ihre Fantasie glich der meinen und schien keine Grenzen zu kennen, ohne dass wir dafür teures Spielzeug benötigten. Wir waren unzertrennlich und, wenn das Leben uns auch unterschiedliche Rhythmen zugedacht hatte, sodass wir uns später oft für Jahre kaum sahen, dies früh geknüpfte Band zerriss bis auf den heutigen Tag nicht.

Eltern können ihren Kindern kaum ein größeres Geschenk machen, als ihnen die Möglichkeit und die Zeit zum schöpferischen Spiel und Kindsein zu lassen. Auch die Förderung tiefer, selbstgewählter Freundschaften ist ein unwiederbringliches Gut für ihr späteres Leben bis hinein in ein erfülltes Alter.

Ich war ein fantasievolles und verträumtes Kind und lebte dies im Spiel aus, doch wurde ich, vielleicht gerade aufgrund dieser Anlagen, auch mit der dunklen Kehrseite besonders sensitiver Menschen konfrontiert: Schon als Kleinkind wurde ich Nacht für Nacht von mich terrorisierenden Albträumen heimgesucht.

Es war stets der gleiche Traum: Kaum lag ich in meinem hellblauen, von meiner Mutter liebevoll mit Herzchen und Blumen bemalten Kinderbettchen und war eingeschlummert, tat sich der Boden unter meinem Bett auf und heraus krochen schwarze Tiere. Sie kamen unter dem Bett hervor, kletterten die Seitenwand empor und stürzten sich auf mich, das kleine schlafende Kind. In panischem Entsetzen schrie ich laut nach meinen Eltern und klammerte mich an sie, wenn sie herbeigeeilt waren. Sie versuchten mir zu helfen, indem sie ein kleines, gedämpftes Glaslämpchen in meinem Zimmer brennen ließen, das allerdings den ganzen Raum und besonders die geblümten Vorhänge in unheimliche Schatten tauchte. Ich wusste, dass es meine Eltern störte, wenn ich sie mit meinem Schreien aus dem Schlaf riss und verhielt mich deshalb zumeist still, wenn die Albträume mich überfielen. So lag ich denn oft stundenlang angstvoll wach, manchmal erlöst vom Fliegeralarm und dem Gang in den Luftschutzkeller, wo ich dann wenigstens in der Geborgenheit meiner Eltern sein konnte und mein Vater Handorgel spielte, um uns Kinder vor den schrecklichen Geräuschen des Krieges zu bewahren. Doch der Endalarm machte meine kleinkindlichen Hoffnungen auf Geborgenheit im Schoße der Familie fast jedes Mal zunichte, zumeist bevor wir, mit dem Vogelkäfig in der Hand, den Keller erreicht hatten. Das bedeutete für mich die Rückkehr in die schummrige Einsamkeit des Kinderzimmers und wieder lag ich wach und lauschte den Geräuschen der Nacht. Eine Lokomotive dampfte nicht weit entfernt vorbei und ich hörte meinem Puls zu, bis mich der Schlaf übermannte, aus dem ich fast jede Nacht einmal erneut in Panik aufschreckte.

Oft lag ich auch wach und zerbrach mir den Kopf darüber, worin wohl der Erdball enthalten wäre. Gut ja, im Weltall, das hatte ich den Wissens-Büchern meines Bruders entnommen. Aber worin ist denn das Weltall? Wohl eine weitere Hülle – aber was ist außerhalb dieser und worin ist alles zusammen? Wann und wo hört das alles auf? Schnell lenkte ich dann meine Gedanken weg, denn sonst würde mir der Kopf zerspringen, dachte ich. Es war wohl einer der frühen Grundsteine meines heutigen Glaubens. Ich musste demütig akzeptieren, dass dem menschlichen Gehirn Grenzen gesetzt sind und dass es Dinge gibt, die nicht erklärbar sind. Als kleine im Zeichen der Jungfrau Geborene, dachte ich überhaupt viel nach, versuchte zu ordnen, gliederte meine Gedanken in Systeme und war auch schon früh recht einfallsreich im Erfinden von hilfreichen Eigentherapien, sei es bei Krankheiten, Ängsten oder in schwierigen Lebenssituationen. So kam ich denn auch, nach einigen Jahren der Albträume, im Alter von etwa acht Jahren auf eine rettende Idee, die mich innerhalb einer einzigen Nacht vom Terror des schwarzen Nachtgetiers befreite. Logisch überlegte ich mir, dass ich erfahrungsgemäß jedes Mal in dem Moment von dem Albtraum erlöst wurde, wenn der Schrecken am größten war. Das war jedes Mal dann, wenn die „bösen Tiere“, so nannte ich sie, mich mit ihren Krallen packten oder sie mich verfolgten, bis ich irgendwo hinunterstürzte und im Fallen erwachte. Also, schlussfolgerte ich eines Nachts, würde ich beim nächsten Überfall den schwarzen Ungeheuern ein Schnippchen schlagen und ihnen die Freude am Terror nehmen, indem, kaum dass sie angriffslüstern unter dem Bett hervorgekrochen waren und sich auf mich stürzen wollten, ich mich unter sie werfen oder mich aus dem Fenster fallen lassen würde.

Diese Flucht nach vorn brachte den vollen Erfolg, indem ich den größten Schrecken, der mich jeweils aufwachen ließ, absichtlich provozierte. Von Stund war ich, abgesehen von ein paar immer seltener werdenden Träumen dieser Art, befreit. Enttäuscht ließen die schwarzen Biester von mir ab, denn sie hatten ihre Macht über mich verloren. Fortan schlummerte ich endlich meinen seligen Kinderschlaf.

Umso mehr träumte ich des Tags. Auch später, in der Schulzeit, wenn mich die Lehrer während des Unterrichts ansprachen, kam ich meist von irgendwo weither und hatte keine Ahnung, worum es gerade ging. Meine Tag- und Schulstundenträume handelten oft davon, dass ich Menschen oder Tiere aus einer Katastrophe rettete, Waisenkindern ein Zuhause bot oder Weinende und Verzweifelte zu neuem Glück führte. Florence Nightingale, „der Engel der Gefangenen“, machte tiefen Eindruck auf mich. Als der Lehrer von ihr erzählte, hatte ich gerade einmal aufgepasst.
Sei es in Märchen, Büchern oder Filmen, mein Herz schlug stets für die Unglücklichen und Benachteiligten. So verstand ich auch nicht, warum immer die Jüngste und Schönste den Prinzen bekam und auch nicht, warum Gott so hart mit Kain abrechnete; hatte doch der arme Kain auch sein Bestes, nämlich Früchte, geopfert – während Abel, für mein tierliebendes Herz unverständlich, ein unschuldiges kleines Lamm tötete. Warum nur bevorzugte Gott dann Abel?
Großen Trost hingegen, besonders später im Unglücklichsein der Pubertät, spendete mir Hans Christian Andersen mit dem „Hässlichen kleinen Entlein“. Es gab also doch eine höhere Gerechtigkeit.
Von klein an wollte ich Tierärztin werden, das stand für mich jahrelang fest, bis mich mein Vater als etwa Elfjährige in einen amerikanischen Kinofilm mitnahm, der von einem kleinen schwarzen Lamm und einem Jungen namens Jeremias handelte. Im Verlaufe dieses Films verlor der Kleine sein Schaf, worauf er sich bitterlich weinend auf sein Bett warf. Mein Herz zerbrach fast vor Mitleid mit beiden, dem Jungen und dem Schaf. Abends spielte ich dann wieder und wieder diese Szene nach, warf mich

schluchzend auf mein Bett und konnte nachfühlen, wie groß das Leid eines Menschen sein musste, der jemand innigst Geliebtes verloren hat.
Von nun an, das war für mich klar, wollte ich Schauspielerin werden. Dies teilte ich meinen Eltern mit, die diesen Wunsch gerührt belächelten und sich sicher waren, dass dieser Kindertraum sich auswachsen würde. Sie sollten sich irren, denn sie kannten noch nicht meinen ebenso geduldigen wie hartnäckigen Durchhaltewillen, wenn es um eines meiner Ideale oder eine Vision ging. Deshalb wurde ich wohl auch zu dem Zeitpunkt geboren, als das Zeichen des Stiers am östlichen Horizont aufging. Doch war es noch lange nicht so weit, denn zuerst wurde ich zweimal umgeschult, von unserer Landschule in Münchenstein ins städtische Gymnasium und von da - Tagträumer stießen auf kein Verständnis - in die Rudolf-Steiner-Schule. Dies war ein weiser Entschluss meines Vaters, denn jetzt wurde ich zum ersten Mal mit einer Nächstenliebe ohne Vorurteile konfrontiert, wie ich sie zuvor nicht gekannt hatte. Wir teilten die Schulbank mit behinderten Kindern und spielten mit ihnen im Pausenhof. Dass man dem andern helfend beistand, war selbstverständlich. Mein Vater, stets ein Suchender, zudem Freimaurer und auch bewandert in Rudolf Steiners Schriften, hatte für mich, meiner großen Sensibilität und meiner musischen und sprachlichen Begabungen wegen, die anthroposophisch ausgerichtete Rudolf-Steiner-Schule ausgesucht. Aufgrund der großen Toleranz, die dort unter den Schülern gelebt wurde, fühlte ich mich, als scheues Kind, sofort zu Hause und eingebettet in die Freundschaften mit den andern Kindern. Niemand lachte einen wegen ausgefallener Kleidung aus – meine Mutter benähte auch mich! – und ebenso nicht wegen Zahnspange oder Brille. Die Welt schien dort weiter und der Geist größer zu sein. Es kam mir vor, als hätte ich Einzug ins Paradies gehalten.

Im Gegensatz dazu erinnere ich mich an ein Erlebnis als etwa Achtjährige in der vorherigen Landschule:
Der Klassenlehrer, der mich nicht mochte, weil meine Mutter eine Ausländerin war und dazu noch hochdeutsch sprach, äffte mich nach, denn ich blinzelte mit den Augen, wenn ich etwas von der Wandtafel lesen musste. Ich erzählte dies zu Hause und das Ergebnis war, dass man meine Kurzsichtigkeit entdeckte und mir eine Brille verschrieben wurde, was damals, genauso wie eine Zahnspange, rote Haare, Schielen oder Dicksein, eine Schmach erster Güte war und den Spott aller andern Kinder auf sich zog. Ich entschied mich, dem vorzubeugen und den Lehrer rechtzeitig einzuweihen, dass ich am nächsten Tag eine Brille tragen würde. Dennoch legte ich an diesem Morgen die Brille nur vor mich hin auf das Pult, wagte aber nicht, sie anzuziehen und blinzelte weiter zur Wandtafel. Mitten im Unterricht stockte der Lehrer, richtete seinen Blick auf mich und fragte spöttisch und gedehnt in Vorfreude auf das Kommende:
- „Sooo........und wo ist denn nun die berühmte Brille?"
- „Hier", murmelte ich schüchtern und wies auf das Pult vor mir.
- „Also, dann wollen wir sie einmal sehen, zieh sie an und zeig, wie du aussiehst damit!", fuhr der Lehrer höhnisch fort.
Mit zitternden Fingern zog ich sie umständlich an und die ganze Klasse brach in schallendes Gelächter aus. Am lautesten aber lachte der Lehrer!
Ich fühlte mich wie an den Pranger gestellt, meine Augen füllten sich hinter den Brillengläsern mit Tränen und ich wäre am liebsten in den Erdboden versunken vor Scham.
Es war eines der Schlüsselerlebnisse, die mein Mitgefühl mit den Ausgestoßenen und Leidenden noch mehr vertieften und später war es oft so, dass ich den Verachteteten und Verlachten in der

Schule meine Freundschaft schenkte und sie in ihrem Selbstbewusstsein aufzubauen versuchte.

Mitgefühl empfanden auch meine Eltern. Meine Mutter vor allem mit Tieren, bei meinem Vater hingegen erinnere ich mich an eine Geste gegenüber einem geächteten Menschen, die zeigte, dass er ein großes Herz hatte und die mich als kleines Kind tief rührte und prägte:

Den Pfarrer unseres Religionsunterrichtes liebten wir alle. Er war groß, blass und hatte sensible Gesichtszüge. Sanft und liebenswürdig von Charakter, erzählte er uns die biblischen Geschichten auf unvergleichliche Art. Zuweilen machte er eine Pause und fragte: "Wer geht für mich in den Laden an der Ecke meine Zigarren holen?" Alsbald schnellten die Hände aller Schüler in die Höhe, denn um das Privileg, ihm einen Gefallen zu tun, rissen wir uns alle, so lieb war er uns geworden.

Eines Tages kam er nicht mehr in die Schule und uns wurde gesagt, dass er die Gemeinde verlassen müsse. Der Grund war, so erzählte man sich empört, seine Liebesgeschichte mit einer verheirateten Frau. Dafür wurde er von den erbosten Gemeindemitgliedern nun auch gebührend mit Häme bedacht, geächtet und man ging grußlos an ihm vorbei. Die Steine der Gerechten trafen ihn bis zu seinem Wegzug ohne Unterlass, denn offenbar bestand unsere Gemeinde nur aus Menschen, die ohne Sünde waren. Nie vergesse ich, wie mein Vater mich eines Tages zur Schule fuhr, die auf dem Weg zu seinem Geschäft lag, und unseren verstoßenen Pfarrer mit einer schweren Mappe am Straßenrand gehen sah, denn vermutlich wagte er die Straßenbahn nicht mehr zu benützen. Mein Vater hielt das Auto an und fragte liebenswürdig: „Herr Pfarrer, wollen Sie mit uns fahren?"

Sichtlich bewegt und dankbar nahm der Pfarrer an. Ein warmer Strom durchflutete mein Kinderherz, denn ich ahnte, wie gut diese

Achtungsbezeugung unserem von uns Kindern so geliebten Pfarrer tun musste. Ich verstand die ganze Aufregung sowieso nicht und fühlte mich glücklich und auch ein wenig geschmeichelt, dass ich neben unserem Pfarrer im Auto sitzen durfte.
Nach ihm machte uns allen der Religionsunterricht keinen Spaß mehr. Sein Nachfolger war ein vertrockneter Griesgram und von dem, was er predigte, verstanden wir Kinder nichts. Dazu war er streng und hart, verdrehte aber – meine Mutter ahmte das zu unserem Vergnügen immer treffend nach –, wenn er predigte, zum Zeichen seiner Frömmigkeit seine Augen immer wieder nach oben. „Diese Heuchler“, schimpfte meine Mutter, die selber oft Zielscheibe des Klatsches war, „– da gehen sie hin, falten die Hände und beten in der Kirche, dabei sind sie keinen Deut besser als dieser liebe, nette Pfarrer, der euch Kindern so viel geben konnte. Von nun an gehe ich überhaupt nicht mehr in die Kirche!“
Umso mehr war meine Mutter nun im Wald zu finden, wo sie wohl auf ihre eigene Art ein Zwiegespräch mit Gott abhielt. Um das, „was die Leute sagen“, hatte sie sich sowieso nie gekümmert - manchmal sehr zum Leidwesen meines Vaters, der seine provokante Gattin des Öftern zu verteidigen hatte.
Die Jahre in der Rudolf-Steiner-Schule waren glücklich und boten mir eine tolerante Geborgenheit. Wenn ich auch nach wie vor nicht durch Fleiß und Aufmerksamkeit hervorstach, so färbte doch etwas von der Steinerschen Philosophie auf mich ab und man förderte meine Musikalität, das Malen, Zeichnen und die Sprachbegabung. Einzig meine Ballettstunden vermochten die Eurythmielehrer gar nicht zu freuen, dort hatte die Toleranz ihre Grenzen.
Mit fünfzehn Jahren ging meine Schulzeit zu Ende. Verblüfft vernahmen meine Eltern, dass ich noch immer Schauspielerin werden wollte, doch mein Vater, als realistisch denkender Kaufmann, wünschte sich für mich einen „sicheren Beruf“. Wenn

ich den erlernt hätte, könne ich ja immer noch Schauspielerin werden. Insgeheim erhoffte er sich natürlich, dass mein Wunsch nicht so lange überleben würde.
Also schrieb ich mich in der Kunstgewerbeschule ein, machte zuerst einen Vorkurs und entschloss mich dann für das Fach Modezeichnen. Die Grundbedingung - Schnittmusterzeichnen und Nähen - erledigte ich in einem halben Jahr und absolvierte anschließend die Fachklasse für Modedesign mit dem freiwilligen Nebenfach Ölmalerei. Zwei Jahre lang besuchte ich die Kunstgewerbeschule und nahm auch an internen und externen Malwettbewerben teil. Intern wurde ich Zweitbeste meiner Klasse und extern beteiligte ich mich an einem Wettbewerb in Deutschland, doch alle meine Modezeichnungen wurden zurückgeschickt, da die Schweiz von dem Wettbewerb ausgeschlossen war, was ich nicht realisiert hatte. Sieger wurde, wie ich viel später einer Zeitung entnahm, ein unbekannter junger Mann, der wie ich ebenfalls am 10. September geboren war: Karl Lagerfeld, der heute berühmte Modeschöpfer.
Als Primarschülerin war ich immer die „Tiermalerin" der Klasse gewesen, jetzt jedoch begann mich das Porträtmalen des menschlichen Antlitzes mehr und mehr zu faszinieren. Die Ausbildung zur Modezeichnerin gab mir die Möglichkeit, mich dem Menschen, vorläufig noch vom Äußeren her, zu nähern und schenkte mir auch die Zeit, mir noch tiefere Gedanken über meinen Wunsch nach Schauspiel zu machen.
Warum eigentlich wollte ich Schauspielerin werden? Diese Frage wird an den meisten Schauspielschulen zuerst gestellt. Ich konnte sie mir selbst nicht beantworten, denn es war nicht die Bühne, auf die es mich zog. Schon eher fühlte ich mich in der Traumwelt des Films zu Hause. Heute weiß ich, dass mir dieser Beruf die Möglichkeit gab, mich in andere Menschen hineinzuversetzen, ihre Gefühle nachzuvollziehen und auszudrücken.

Die Frage nach dem Warum beschäftigte mich so tief, dass sie mir zur Gewissensfrage wurde. Mit 15 Jahren wurde ich im Basler Münster konfirmiert und Herr Pfarrer Eduard Thurneysen lud seine Konfirmanden vorher einzeln zu einem Gespräch ein. Beim Hinausgehen zögerte ich noch etwas.
Er musste es gespürt haben: „Hast du noch etwas auf dem Herzen?"
Ich nahm all meinen Mut zusammen und vertraute ihm scheu an, dass ich Schauspielerin werden wolle, denn dies war damals noch höchst außergewöhnlich und man riskierte, ausgelacht zu werden. Und noch schüchterner gestand ich ihm dann, was mein Gewissen so sehr quälte. Leise fragte ich ihn: „Wenn ich Schauspielerin werde.......nützt das der Menschheit etwas?"
Anders als mein früherer Lehrer nahm Herr Pfarrer Thurneysen meine Frage ernst und achtungsvoll entgegen und erwiderte: „Sicher nützt es etwas. Du kannst damit Menschen etwas Schönes geben."
Damit war mein Gewissen vorderhand wieder etwas beruhigt und ich hegte meinen Traum weiter.
Die Träume meiner Eltern hingegen, dass ich nach all den Schul- und Lernjahren mein Vorhaben aufgeben würde, zerschlugen sich in nichts. Mit 18 Jahren stand ich wieder vor ihnen: „Gut, jetzt habe ich die Schule beendet und Modezeichnen gelernt – jetzt möchte ich Schauspielerin werden!"
Vor soviel Durchhaltewillen kapitulierte schließlich selbst mein Vater und war dann erst noch der stolzeste Papa, den man sich denken kann, als ich nach einigen Umwegen, Sprachstudien und strengen Prüfungen an der renommierten Königlichen Akademie für Dramatische Kunst in London als Schülerin aufgenommen wurde.

An Queen Mum's Schauspielschule

Die weltberühmte Royal Academy of Dramatic Art, in London kurz RADA genannt, hatte viele bekannte Schauspieler hervorgebracht und stand unter dem Patronat der Queen Mum, Königin Elizabeths Mutter. Eines Tages hieß es dann auch, dass wir uns „anständig gekleidet" an der Malet Street einfinden sollten. Und da kam sie denn auch, die Queen Mum, zu einer unserer Theateraufführungen. Stehend empfingen wir sie und eine viel beneidete Auserwählte der Schule durfte ihr mit einem vorher eingeübten Hofknicks einen Blumenstrauß überreichen.

Ich sah mich schon als große Tragödin und Darstellerin Verzweifelter und Wahnsinniger, doch wurden diese dramatischen Absichten durch eine andere Gabe, die mir in die Wiege gelegt wurde, vereitelt: Den Humor! In meinem Fall könnte man es tatsächlich Mutterwitz nennen. Es war diese Gabe der Heiterkeit, die dazu führte, dass man mir schon bald gratulierte zu meiner „tremendous comedy technique", meiner großartigen Komödientechnik. Zwar freute ich mich über dieses Kompliment, doch war ich auch völlig verblüfft, denn ich hatte gar keine Technik angewandt, sondern einfach Spaß am Spiel gehabt. Später im Leben aber war mir gerade dieser Humor nicht nur eine Gabe, sondern eine Gnade in Lebenssituationen, die schwer zu ertragen waren. Dieser humorvolle Funke in meinem Innern ließ mich dann mein eigenes Ich gewissermaßen von außen betrachten und verlieh mir die Fähigkeit, auf schalkhafte Distanz zu meinem Selbst zu gehen. Dies fand ich später auch in den Therapieansätzen des von mir verehrten großen Psychiaters Dr. Viktor Frankl bestätigt.

Während zwei Jahren besuchte ich die Königliche Akademie, bis ich mein Studium mit einem Diplom abschloss. Es war eine harte

Schulung, die mich zwar nicht lebenslänglich zur Schauspielerin machte, aber mir erste Erfahrungen des heilenden Mitgefühls und einige Grundsätze vermittelte, die zu meiner späteren, nie vorausgeahnten Berufung gehören sollten. Während fast alle meine Mitstudenten ihr Ziel auf die großen Bühnen der Welt setzten und zum Teil später auch Hauptrollen in berühmten Filmen spielten, war mir die ganze Zeit meines Studiums immer noch nicht klar, warum ich Schauspielerin werden wollte. Einige Male gab es eine Andeutung, wohin ich geführt werden sollte. Auch zwei Grundsätze gruben sich tief in mein Herz ein. Das eine Mal gefror mir fast das Blut in den Adern, als ich unseren Regisseur einen zu spät zur Probe kommenden, weil schwer erkälteten Schüler außer sich vor Wut anschreien hörte: „Merken Sie sich das, es gibt nur *gesunde* Schauspieler – oder *gar keine* Schauspieler!!“

Ein Schauspieler hätte immer und zu jeder Zeit eine Bestleistung für das dafür zahlende Publikum zu geben, solchermaßen wurden wir erbarmungslos belehrt. Nach und nach schmolzen meine Träume und ich landete unsanft auf dem Boden einer harten Realität. Genau das aber forderte eine Kraft in mir heraus, von der ich, das ehemalige Märchenkind, nicht ahnte, dass sie in mir wohnte. Bei meinen vielen rätselhaften Krankheiten, die mich später heimsuchen sollten, hörte ich immer wieder den Leitsatz jenes Regisseurs in meiner Erinnerung. Dieses harte Entweder – Oder ließ einen kämpferischen Trotz in mir erwachen und es wurde mir, wenn ich erkrankt war und besonders bei der Betreuung von meinen drei kleinen Kindern bewusst: Gesunde Mutter oder gar keine Mutter. Doch welche Mutter hat schon die Wahl? Es ist oft gerade die Ausweglosigkeit, die einen zu Stärke und Erfindungsgeist zwingt. Jede Frau wird dann zur „Mutter Courage“.

Der zweite Grundsatz erfolgte auf das übliche Murren bei der ungleichen Rollenverteilung in einem Theaterstück. Kalt und britisch trocken sagte ein anderer Schauspiellehrer daraufhin: „Es gibt keine kleinen Rollen – nur kleine Schauspieler." Dies beeindruckte und überzeugte mich. Ich konnte dann auch miterleben, wie einige Schauspieler aus der kleinsten Rolle den größten Lacherfolg herausholten oder mit ihrer Bühnenpräsenz das Publikum in Bann schlugen, obwohl sie die meiste Zeit stumm waren. Es prägte später auch meine geistige Haltung in Bezug auf jegliche Tätigkeit, die ich auszuführen hatte und besonders meine Hochachtung vor jedem Menschen, der mit Würde einer geringen oder gar verachteten Arbeit nachgeht.

Shakespeares "Romeo und Julia". Letztere war natürlich die Traumrolle eines jeden Mädchens und so fällte der Regisseur am Anfang unserer Ausbildung bei der Rollenverteilung ein salomonisches Urteil: Jede Schülerin erhielt für die interne Aufführung eine einzige Szene, sich steigernd bis zum tragischen Ende, je nach Begabung des Mädchens. Eine ziemlich unbegabte Tasmanierin erhielt die Rolle der öden Lady Capulet und ich selbst stellte die Regisseurin vor ein Dilemma: Ich war mit meinen 178 cm einfach zu groß für die Julia - oder alle Romeos kleiner, also blieb für mich nur Julias Amme übrig. Mein Pech entpuppte sich aber als absoluter Glücksfall, denn ich erhielt nicht nur Fragmente der Rolle, sondern alle Szenen, und später auch aufgrund meiner Größe die Helena in Shakespeares „Sommernachtstraum", der im Vanbrugh–Theatre für die Öffentlichkeit aufgeführt wurde. Da ich erst 19 Jahre alt war und dazu sehr schlank, stopfte ich mich mit Kissen aus, um Julias Amme etwas mehr Gewicht zu verleihen. Zudem zog ich mein Kinn so zurück, dass es als Doppelkinn wirkte, und gestaltete die Amme mit einer Mischung aus derber Durchtriebenheit und mütterlicher Güte. Genau diese letzte Empfindung ergriff mich dann in einer Szene mit Jill, meiner besten Freundin in jener Zeit, die die vor Sehnsucht vergehende Julia darstellte. Mit einem Male merkte ich, dass ich nicht mehr spielte, sondern echtes, grenzenloses Mitleid empfand mit der verzweifelten Julia.

Etwas Ähnliches passierte mir während einer Probe zu „National Velvet“, einer Mädchen–Pferdegeschichte, die mit Elizabeth Taylor schon verfilmt wurde. Die Kleinste der Klasse, Annette, erhielt die Rolle des pferdeverliebten Mädchens und ich spielte ihre Mutter.

Es war ein drückend heißer Sommertag, die Fenster standen offen, die Schwüle nahm zu und plötzlich entfesselte sich ein krachendes Gewitter. Blitze zuckten über den bleigrauen Himmel, ein Donnerschlag folgte auf den nächsten und Annettes Finger krallten sich immer fester in meinen Arm. Erschrocken blickte ich auf – Annette stand neben dem Stuhl, auf welchem ich saß – und sah das von Panik verzerrte Gesicht des Mädchens zum Fenster starren: „Ich habe solche Angst vor Gewittern“, flüsterte sie, „du nicht?“ - „Nein“, sagte ich, denn in der Tat liebe ich dieses Schauspiel der entfesselten Naturelemente sogar, „hab keine Angst, ich weiß, dass dir nichts passiert, ich bin da und schütze dich.“ Ich legte meine Hand auf ihre eingekrallten Finger, sprach leise und beruhigend auf sie ein, bis ich merkte, wie sie sich entspannte, wobei mich ein warmer Strom des Mitgefühls erfasste und mit der Kraft, die ich neu in mir entdeckte, verschmolz. Ich spürte, wie diese Stärke und Sicherheit von mir auf das Mädchen überging und sie mit Ruhe und Vertrauen erfüllte.

War ich bis dahin vor allem eine große Tierfreundin gewesen, so entdeckte ich erst jetzt, mit dem Verlust meiner Scheu, meine Liebe zu den Menschen und ganz besonders für diejenigen, die leidend waren. Immer öfters war ich dann im sogenannten „common room“ der Akademie anzutreffen, dem

Gemeinschaftsraum, wo ich bald den Ruf einer Klagemauer für die Sorgen, Komplexe und Nöte meiner Mitstudenten hatte. Neben dem schillernden Studium an der Akademie zog es mich aber immer wieder in eine für mich notwendige Einsamkeit. Diese fand ich in einer kleinen Kirche in der Nähe der Schauspielschule, wohin ich mich in der Mittagspause zurückzog und still meinen Gedanken nachhing. Ob ich dabei betete, weiß ich nicht mehr. Sicher aber war es eine Zuflucht an Gottes Herz, mit dem ich stumme Zwiesprache hielt. Obwohl ich als etwa Vierzehnjährige aus eigenem Bedürfnis jeden Abend das Unser–Vater gesprochen und mich dabei gezwungen hatte, die Worte auch zu denken, zu fühlen, zu empfinden und nicht bloß sie herunterzuleiern, fand ich erst viel später zu meinem heutigen tiefen Glauben und zu Gott. Ich fand ihn erst, als er mich da traf, wo ich am verletzlichsten war.

Rassismus

Knapp an Geld wie alle Studenten, bewohnte ich in London zuerst eine ungeheizte Dachkammer. Diese teilte ich mit Marguerite, einer jungen Frau aus Trinidad, die von irischen, spanischen und karibischen Vorfahren abstammte. So kam es, dass ich zu Beginn meiner Londoner Jahre kaum mit Engländern in Berührung kam, sondern in meiner anfänglichen Einsamkeit von Marguerites warmherzigem Trinidader Familienclan aufgenommen wurde. Marguerite und Melba, die Frau eines Geschäftskollegen meines Vaters, waren die Menschen, die mich wärmten in jenen dunklen Nebeltagen, an denen man im dichten, gelben „fog" die eigene Hand am ausgestreckten Arm nicht mehr sah.
Da Melba sehr neugierig auf meine Freundin Marguerite war, stellte ich sie ihr eines Tages vor. Mich wunderte, dass sich die sonst so aufgeschlossene Melba auf einmal so kühl verhielt. Kaum hatte sich die Türe hinter Marguerite geschlossen, stieß Melba hervor: „Ist *das* deine Freundin?" - „Ja, warum?" fragte ich erstaunt. „Aber Marguerite ist eine Negerin!", rief Melba aus.
Aus einem kosmopolitischen Elternhaus stammend und einen Menschen nach seiner Seele, nicht nach seiner Hautfarbe beurteilend, verstand ich meine sonst so gute Melba und auch die Welt nicht mehr. Damals jedoch war der Rassismus in Amerika, woher Melba stammte, noch extrem verbreitet und Notting Hill war kein Wohngebiet der Schickeria wie heute, sondern ein verkommenes Ghetto der Farbigen, von dessen Besuch abgeraten wurde. Bei Auseinandersetzungen sonst eher sanft, diplomatisch und verständnisvoll, war es wohl das erste Mal, dass mich eine Art heiliger Zorn packte und ich mich gegen einen Menschen stellte, den ich auch sehr schätzte, indem ich meine

Freundschaft zu der dunkelhäutigen Marguerite vehement verteidigte.

Ein anderes Erlebnis dieser Art hatte sich schon früh unauslöschlich in meine Erinnerung eingeprägt. Es war zu Beginn meiner Schulzeit, als ich etwa sechs Jahre alt war. Meine erste Klassenlehrerin war die Güte selbst, ruhig und kinderlieb. Zwei Jungen unserer Klasse begannen eines Tages zu raufen und plötzlich schrie der eine der Knirpse den andern an: „Du Saujude!“ Da kam wie der Blitz unsere sonst so sanfte Klassenlehrein geschossen, packte den kleinen Bengel und herrschte ihn scharf und bestimmt an: „So etwas möchte ich nie mehr hören! Denke daran, auch unser Heiland war ein Jude!“ Dies war knapp nach Kriegsende. Von den Gräueltaten der Nazis wusste ich, obwohl mein Onkel im KZ ermordet wurde, wenig; doch irgendetwas von der geistigen Haltung der Klassenlehrerin und die Art, wie sie vehement eingeschritten war, trafen mich mitten in mein Kinderherz. Von nun an liebte ich sie noch mehr als zuvor und meine Seligkeit war kaum noch zu übertreffen, als sie anfing, das von mir so geliebte Andersen–Märchen „Die Schneekönigin“ vorzulesen. Sie kam nicht mehr bis zum Ende des Märchens, denn bald darauf wurde sie schwer krank und konnte nicht mehr zur Schule zurückkehren. Mit ihr erlosch für mich vorerst der Zauber der unbeschwerten Schulzeit. Auf sie folgte der strenge Lehrer und meine bis dahin Spitzenleistungen sanken in den Keller. Menschen anderer Religionen und Hautfarben aber zählen bis heute zu meinen besten Freunden.

Von Mondschein- und Efeufrauen

Melba, von ihren Eltern nach einer berühmten Sängerin benannt, mochte damals Mitte Vierzig gewesen sein, war kinderlos und hatte es sich zur Aufgabe gemacht, an mir in London Mutterstelle zu vertreten. Sie liebte mich wie eine Tochter, ertrug deshalb auch unsere Differenzen und wurde zu meinem ersten „Fall".
Melba stand fast den ganzen Tag nicht von ihrem Bett auf, sondern regierte, wie ich das zu ihrem Amüsement damals formulierte, die Welt von ihrem Lager aus. Sehr unglücklich verheiratet, stritt sie fast pausenlos mit ihrem Mann und hatte außer mir nur noch Flossie, die kleine schottische Haushälterin mit dem großen Herzen, die unter uns, im Keller des alten, weißen Londoner Reihenhauses am Lancaster Gate wohnte und alles für Melba erledigte. Melba schluckte haufenweise Tabletten, vorzugsweise mit Scotch, weinte viel und würde heute ganz klar als depressiv bezeichnet werden. Auch für sie wurde ich, wie für meine Mutter, zur Teenage–Seelsorgerin. Trotz meiner 19 Jahre und meiner mangelnden Lebenserfahrung begann ich Melba in eine Richtung zu lenken, die sie völlig verwandeln sollte. Zuerst baute ich ihr Selbstbewusstsein auf und riet ihr dann, obwohl kein finanzieller Notstand vorhanden war, sich um eine Arbeitstelle in ihrem alten Beruf als Sekretärin zu bemühen. Stundenlang saß ich an ihrem Bettrand, hörte ihr zu, machte ihr Mut und hielt ihre Hand. Und obwohl sie zu ihrem Entsetzen und meiner Belustigung bei einem Vorstellungsgespräch mit ihrem Stuhl zusammenkrachte, erhielt sie die Arbeitstelle, um die sie sich beworben hatte..
Nach ein paar Monaten war Melba nicht wiederzuerkennen. Ihr verantwortungsvoller Job hatte ihr Selbstvertrauen vermittelt und durch diesen Glauben an sich selbst wuchs auch ihre

Anziehungskraft auf andere Menschen. Sie fand einen neuen Freundeskreis, zog einen Strich unter ihre Vergangenheit als tablettensüchtige Gefangene ihres Bettes, reiste zurück in die USA, löste sich aus ihrer qualvollen Ehe und fand schließlich eine neue Liebe.

Rückblickend würde ich sagen, dass ich Melba unbewusst den uralten biblischen Grundsatz *„liebe deinen Nächsten wie dich selbst"* umsetzen half. Sanft wie eine liebende Mutter hatte ich, obwohl selber noch eine Knospe, Melba dazu geführt, ihre eigene Schönheit zu entfalten und sich als einzigartiges Kunstwerk Gottes anzunehmen. Anstatt Melba weiterhin erfolglos um Liebesbeweise ihres Ehemannes betteln zu lassen, hatte ich sie dazu geführt, ihre eigenen Qualitäten zu entdecken, diese zu entwickeln und dadurch den zweiten, so oft vernachlässigten Teil des biblischen Leitsatzes *„...........wie dich selbst"* zu leben. Sie lernte, aus sich selbst zu strahlen und nicht nur abhängig zu sein von der Gunst der Sonne, ohne die der Mond nicht leuchten kann, wie so viele Frauen, die sich fast ohne Anerkennung zu erhalten in ihrer besten Absicht für andere aufopfern und dabei in einer Dauer–Mondfinsternis vegetieren. Melba entdeckte ihre eigene Standkraft und war auch nicht mehr eine der Efeufrauen, die sich an den starken Stamm ihres Mannes klammern und dabei ohne denselben in sich zusammenfallen würden. Ihre gesunde, neu gewachsene Selbstliebe und die Unabhängigkeit, die sie dadurch ausstrahlte, führten dann gleichsam wie selbstverständlich dazu, dass sie auch ihren Nächsten wieder lieben konnte und die Erfahrung machen durfte, wiedergeliebt zu werden.

Schlaflos in Rom

Nach meinem Diplomabschluss an der Königlichen Akademie in London führten mich meine Wege über Paris und Nizza nach Rom.

In Nizza belegte ich trotz meines mangelhaften Französisch einen Sommerkurs am Conservatoire bei Pierre Bertin von der Comédie Française. Es hatte sich so ergeben, weil meine Kindheitsfreundin Jeannette soeben einen Job in St.Tropez angetreten hatte und wir zusammen reisen konnten. Ich wohnte in Nizza bei einer Familie, die auch Musikstudentinnen beherbergte, unter anderen eine Cellistin, die einen Kurs bei dem berühmten Geiger Henrik Szeryng belegte, dem auch ich dann als Zuhörerin mehr Zeit widmete als meinen eigenen Schauspiellektionen. Die Musik war schon immer meine Welt und mein Trost gewesen. Als fünfjähriges Kind hatte ich eine einzige Geigenstunde gehabt, die ich aber bitterlich enttäuscht abbrach, da ich dachte, die Geige wäre ein Cello für kleine Kinder. Ich hatte mir die kleine Geige sehnlichst zu Weihnachten gewünscht, denn auch mein großer Bruder spielte Cello. Als die Lehrerin mich aber anwies, das Instrument unter das Kinn zu halten, brach für mich vorderhand eine Cellowelt zusammen. Cello spielte ich später als Achtjährige, brachte es bis zu Brahms' Wiegenlied und wechselte dann endgültig zum Klavier über, dem ich acht Jahre lang treu blieb, bis ich ins Ausland zog.

Die Teilnahme an dem musikalischen Kursus in Nizza war für mich deshalb ein Trost, weil ich unter Heimweh litt: Unter Heimweh - nebst Liebeskummer die kleine Schwester der großen Depression. Alle drei Seelenschmerzen haben in ihrem Weh etwas gemeinsam: das Gefühl vollkommener Entwurzelung, der Weltfinsternis und der Sinnlosigkeit. Die Emotionen sind stumpf, man hat keinen Zugang mehr zu einem anderen Gefühl als zu diesem Schmerz und zwischen diesem Weh und allen Freuden dieser Welt klafft ein düsterer Abgrund. Rückblickend bin ich heute dankbar, dass der Schöpfer mich hat dies erleben lassen – wie sonst sollte ich auch nur eine Ahnung haben von dem Schmerz der tiefen Depression, den mir Menschen schildern? Kein wissenschaftliches Buch kann einen lehren, Depression nachzuempfinden. Wenn ich von Heimweh spreche, so meine ich nicht sanfte, wehmütige Sehnsuchtsgedanken an zu Hause, sondern einen wunden Schmerz, der einem das Essen verunmöglicht, den Magen zuschnürt, einen abmagern, das Herz sich verkrampfen und die Beine vor Schwäche zittern lässt. Ähnliche Gefühle, die man nicht belächeln sollte, empfinden Menschen, deren Herz gebrochen wurde durch eine schwere Liebesenttäuschung, was ja oft mit einem tiefen Vertrauensbruch verbunden ist. In Knaurs Gesundheitslexikon von 1930 aus der Bibliothek meiner Eltern fand ich Folgendes beschrieben: *„Heimweh. Das Heimweh, mit seinem wissenschaftlichen Namen als Nostalgie bezeichnet, ist eine Abart der Melancholie, welche bei Menschen auftritt, die ihre Heimat verlassen haben. Namentlich Gebirgsbewohnern wird nachgesagt, dass sie bei ihnen, wenn sie in der Ebene leben müssen, die heftigsten, ja sogar tödliche Folgen annehmen kann.“* [1] In modernen Lexika sucht man zumeist vergeblich nach diesem Stichwort. Wer kennt schon nicht die Geschichte vom Heimweh der „Heidi“ in Frankfurt? Johanna Spyri, die Autorin, konnte diesen Seelenschmerz nur deshalb so treffend schildern, weil sie selber unter Depressionen litt. Heimweh kannte ich schon als kleines Kind, wenn ich auch nur eine Nacht weg von zu Hause war. Besonders schlimm war es im Skilager und Heimweh quälte mich auch später manchmal, wenn ich nach einem Aufenthalt in der Schweiz wieder ins Ausland zurückkehren musste. Auch da wurde ich aber erfinderisch. Bald

merkte ich, dass das Zurückblicken und Verweilen der Gedanken beim verlorenen Glück das Schlimmste war, es den Schmerz vergrößerte und auch verunmöglichte, dass der Trennungsschmerz verebbte.
In Nizza geschah es dann, dass ich von einem Filmagenten angesprochen wurde und er mich mit einer Empfehlung nach Rom schickte, wo das Casting zu „Cleopatra“ mit Elizabeth Taylor in der Hauptrolle stattfinden sollte. So ergab wieder das eine das andere. Wäre nicht meine Wohnkameradin, die Cellistin, gerade auch nach Rom gefahren, hätte ich dieser Empfehlung wohl nicht Folge geleistet. Ich fuhr also zusammen mit der Musikerin nach Rom und wohnte anfänglich mit ihr in einem Kloster, bis ich eine liebe Zimmervermieterin aus der italienischen Provinz Marche namens Esterina fand, die mich in ihrer Pension aufnahm. Ich kam für drei Tage und blieb drei Jahre. Rom – diese Stadt und ich – wir fanden uns. Ich liebte die Herzlichkeit und Lebensfreude ihrer Bewohner, ich liebte das warme Licht der Stadt in der Dämmerung und auch die Hitze, die mittags wie eine lähmende Glocke über der Stadt hing und noch des Nachts von dem rötlichen und gelben Gestein der Hausmauern zurückstrahlte. Ich liebte die Nähe des Meeres, die Pinienwälder, die Castelli Romani, Trastevere und die unzähligen Katzen am Largo Argentina. Drei Jahre lebte ich dort und spielte kleine Rollen in Filmen, im Fernsehen und im Theater. Meinen eigentlichen Lebensunterhalt verdiente ich mir aber durch diverse andere Jobs, ich arbeitete als Model, als Dolmetscherin, leistete Sekretariatsarbeit und hütete für einige Zeit eine Kunstgalerie an der Piazza del Popolo.
Ich fühlte mich in Rom wohl, doch ein unbestimmtes Gefühl in mir wurde auf einmal zu meinem leisen Begleiter. Wie eine hartnäckig mahnende, innere Stimme spürte ich immer drängender, dass meine Zeit dort abgelaufen war und ich nach Hause zurückkehren

müsse, so als ob eine neue Epoche meines Lebens beginnen würde. Ich hörte aber erst auf diese Stimme, als ich nach einer Nacht im kalten Sand – ausgerechnet bei der Verfilmung der „Bibel“ unter der Regie von John Houston – meinen ersten schweren, lange andauernden Rheumaschub erlitt und zudem nach einer Vergiftung meinen Schlaf verlor.

Wer nie die Schlaflosigkeit erfahren hat, kann sich nicht vorstellen, welch lebensnotwendige Kraftquelle einem Menschen dadurch verloren geht. Fremd bleibt dem mit Schlaf Beschenkten die Angst vor der Nacht, die einem schon am Tag zuvor den Atem abschnürt. Fremd bleibt ihm auch die abgrundtiefe Verzweiflung nach dem durchwälzten Dunkel, wenn langsam das Morgenlicht durch die Ritzen der Fensterläden kriecht und dem Schlaflosen bewusst wird, dass er noch immer kein Auge zugetan hat, während die Angst sich zur Panik steigert, weil ein arbeitsreicher Tag bevorsteht. Unbekannt sind dem Gutschläfer überdies die bodenlose Erschöpfung, das ausgehöhlte Gehirn, die Stumpfheit der Gefühle nach schlaflosen Nächten und unverständlich bleiben ihm die leeren, brennenden Augen und die Freudlosigkeit, die den Schlaflosen trennen von anderen Menschen, die froh den jungen Tag begrüßen.

Während meiner siebenjährigen Abwesenheit hatte sich auch der Himmel über meinem schönen Elternhaus verdunkelt. Mein Bruder war nach Schweden gezogen, unsere Hunde und Katzen waren tot und meines Vaters Gemüt wurde nach und nach durch die damals noch nicht so benannte Alzheimerkrankheit so sehr in einen fortschreitenden Dämmer- und Verwirrungszustand getaucht, dass eine Unterbringung in der Psychiatrischen Klinik unumgänglich wurde.

Meine Mutter musste sich eine Arbeit suchen und lebte nun allein und verlassen in unserem Haus, war verzweifelt wie ein verlorenes Kind und ich spürte, dass sie mich in ihrer Einsamkeit brauchte. Sie war zudem nun mittellos, da mein Vater als selbstständiger Kaufmann keine Pension und seine Firma durch die, lange Zeit unerkannte und unverstandene, Erkrankung große finanzielle Verluste erlitten hatte. Meine geheimnisvolle innere Stimme drängte mich schließlich zu einem klaren Entscheid: Kurz entschlossen packte ich meine Koffer, verabschiedete mich von der Schauspielerei, von Rom und von Mamma Esterina und reiste nach Hause.

Pfarrfrau und Seelsorgerin

Wir beide, sowohl meine Mutter wie auch ich, mussten uns nun eine Arbeit suchen. Sie kam, nach 30-jähriger Berufspause, als Chefsekretärin unter und sogar ich, mit meinen in vier Sprachen unvollkommenen Kenntnissen und Zweifingersystem auf der Schreibmaschine, fand eine Stelle. Der Anfang und die Umstellung waren schwer, doch bald folgte für uns zwei Frauen eine glückliche, harmonische Zeit. Meine Mutter träumte davon, sich mit ihrer Tochter nun gemütlich einzunisten, während ich in meinen neuen Zukunftsvisionen eher von den väterlichen Genen motiviert wurde – ich wollte endlich die Welt bereisen. Doch nun, da ich mich endlich frei gemacht hatte von meinen bisherigen Zielen, begann sich mein zukünftiges Schicksal deutlich abzuzeichnen, kaum dass ich zwei Wochen gearbeitet hatte.
Es war an einem Karfreitag. Sechs Wochen war es her, seit ich in Rom meiner inneren Stimme gefolgt war und dort meine Zelte abgebrochen hatte. Draußen regnete es in Strömen und meine Mutter und ich nähten uns neue, selbst entworfene Frühlingskleider. Wir genossen nach dem harten Anfang in den neuen Berufen gerade die friedliche und entspannte Stimmung, als schrill das Klingeln des Telefons die Harmonie zerriss: Die Psychiatrische Klinik teilte uns den Tod meines Vaters mit. Am Morgen dieses Karfreitags war er völlig unerwartet einer Lungenentzündung erlegen.
Zutiefst erschüttert fuhren wir in die Klinik, um die Formalitäten seiner Beerdigung zu erledigen, doch seinem letzten Wunsch, vom Pfarrer des Basler Münsters beerdigt zu werden, konnten wir leider nicht entsprechen, da dieser ausgerechnet zu diesem Zeitpunkt abwesend war.

„Warum nehmen Sie nicht unseren Klinikpfarrer?“, schlug man uns vor. Wir erklärten uns damit einverstanden.
Ostern, zwei Tage später, machte uns der besagte Pfarrer seinen Kondolenzbesuch. Meine Mutter, die nach wie vor den Wald als ihre Kirche bezeichnete, hoffte, als sie bei der Ankunft des Pastors durch den Vorhang spähte, dass dieser Besuch nur kurz dauern würde, und meinte: „Hoffentlich bleibt er nicht so lange.“
Sie sollte sich täuschen. Pfarrer Erwin Anderegg blieb so lange sie lebte, denn er wurde ihr Schwiegersohn!
Im Gegensatz zu meiner Mutter wünschte ich nämlich nicht, dass dieser Pfarrer so schnell wieder gehen möge, denn seine geistige Tiefe und seine faszinierende Persönlichkeit nahmen mich alsbald gefangen.
Erwin und ich heirateten fünf Monate später in der Martinskirche Basels und ich wurde somit Pfarrfrau.
Testamentarisch hatte sich mein Vater folgenden Spruch auf seinen Grabstein gewünscht:

Kämpfe den guten Kampf des Glaubens.

Es war wie ein Omen und sollte für mich erst viel später das Leitmotiv meines Lebens werden.
Drei Kinder wurden uns in den folgenden Jahren geschenkt und ich ging völlig auf in meiner neuen Rolle als Mutter. Es war für mich der schönste Beruf, den ich mir denken konnte. Vergessen war der Wunsch nach Schauspiel. Erfüllenderes als drei kleine Menschlein Schritt für Schritt ins Leben zu geleiten, konnte ich mir nicht vorstellen. Einzig das Reisen, das nun nicht mehr möglich war, schien mir ein kleines Opfer zu sein, zumal mein Onkel Thed in Kalifornien gerade unsere samoanischen Verwandten entdeckt hatte. Doch was war das schon, verglichen mit diesem Glück, das mir jetzt geschenkt wurde?

Gleichsam nebenbei wuchs ich in die Rolle einer Seelsorgerin der Patienten unserer Psychiatrischen Klinik hinein. Da ich mir vorgenommen hatte, die ersten paar Jahre ausschließlich den Kindern zu widmen, begannen die Klinikpatienten immer häufiger bei uns zu Hause anzurufen oder vorbeizukommen, um sich, bei Abwesenheit meines Mannes, bei mir auszusprechen. So kam es bisweilen vor, dass ich mit dem Baby auf dem einen Arm und dem Telefonhörer in der anderen Hand mein Kind stillte, oder dass eine Frau sich neben dem Wickeltisch ausweinte. Viele Menschen saßen auch auf der Eckbank in meiner Küche und vertrauten mir ihre Sorgen an, während ich Kartoffeln schälte oder Gemüse putzte. Auch den Religionsunterricht für behinderte Konfirmanden erteilte mein Mann bei uns zu Hause und wir krönten dies immer mit anschließendem Tee, Kuchen und einer Spielstunde mit unseren Kindern. Darauf legte ich besonders großen Wert: dass unsere Kinder einmal alle Menschen - ungeachtet ihres Intelligenzgrades oder einer psychischen Erkrankung - als gleichwertige Geschöpfe Gottes lieben und achten würden.

Seelendunkel

Es waren vierzehn erfüllte und beglückende Jahre, die ich als Mutter, Pfarrfrau und Ansprechpartnerin unserer Patienten fast ausschließlich zu Hause verbrachte. Immer wieder kamen in jener Zeit auch Menschen zu mir, die ausdrückten, wie meine Anteil nehmende Zuwendung ihnen gut getan hätte und dass sie sich besser fühlten. Ich wirkte auf diese Weise still im Hintergrund und wenn ich miterleben konnte, wie ein vorher geknickter Mensch wieder aufrecht gehen konnte und neue Hoffnung schöpfte, oder ich jemandem helfen konnte, einen Stein von seinem Herzen zu wälzen und seinen Glauben an sich selbst neu zu stärken, war mir dies Lohn genug. Dieser Einsatz für Leidende und auch die Erziehung unserer Kinder waren für mich vollwertige Berufe, die ich in jener Zeit vereinen konnte und die in mir ein Gefühl des tiefen Glücks und des Beschenktwerdens erzeugten.
Doch hatte auch diese Medaille eine Kehrseite, von der ich noch nicht ahnte, dass sie zur harten Schule der Vorbereitung dessen gehörte, was ich später tun würde. Es sollte nicht genügen, über Krankheiten Wissen anzuhäufen, ich wurde durch mein Schicksal selber an die Grenzbereiche der körperlichen und seelischen Leidenserfahrungen geführt, um nicht nur mitfühlen, sondern auch nachfühlen zu können.
Rätselhafte Beschwerden, wiederkehrende Krankheiten und Schmerzen, die oftmals mit Lähmungen einhergingen, traten immer häufiger auf und wurden zu meinen ständigen Begleitern.
Alle meine Kinder gebar ich in der dunklen Jahreszeit des Winters und so lernte ich auch kurzfristig das Gefühl einer postnatalen Depression kennen. Durch die Hormonumstellung und den Umstand, dass ich zweimal aus dem Wochenbett heraus in eine andere Wohnung umziehen musste, fiel ich in eine tiefe

Erschöpfungskrise. Obwohl ich mir vorher jedes Mal sicher gewesen war, nach der Geburt eines gesunden Kindes der dankbarste und glücklichste Mensch auf Erden zu sein, saß ich dann mit diesem ungeheuren, quälenden Weh im Herzen zwischen den Bananenschachteln und Umzugskisten und stillte mein Baby. Das Beängstigendste daran war, dass ich mir diese Trauer nicht erklären konnte und ich keinen bekämpfbaren Grund dafür fand. Ich litt stumpf und war hilflos ausgeliefert an dieses Dunkel der Seele, das meine Knie zittern ließ und mir das Gefühl gab, einen Magen von Stecknadelkopfgröße zu besitzen, in den man keinen Bissen mehr zwängen konnte. Das Schlimmste aber war, dass ich neben dieser abgrundtiefen Traurigkeit keinen Zugang zu meinen anderen Gefühlen mehr hatte. Eine Mauer schien sich zwischen mir und meinen Emotionen aufzutürmen - grau, kalt, undurchdringlich finster. Mein Verstand wusste, dass es Menschen gab, die ich liebte, doch mein Herz fühlte es nicht. Ich war innerlich tot.

Frauen, die unter dieser Form der nachgeburtlichen Seelenverfinsterung leiden, wurden lange Zeit nicht verstanden. Im Gegenteil, wohlmeinende Gesunde schüttelten missbilligend den Kopf oder versuchten die Betroffenen aufzumuntern mit Bemerkungen wie: „Jetzt reiß dich doch zusammen und schau dein Baby an! Sei dankbar, dass du ein gesundes Kind geboren hast! Du hast allen Grund zur Freude!“ Solche gut gemeinten Ratschläge aber ließen die Depressiven noch mehr verzweifeln und stießen sie noch tiefer in ihr bodenloses Dunkel. Nun sollten sie auch noch dankbar sein und konnten doch vor Erschöpfung weder etwas müssen noch wollen! Die Schuldgefühle, vor allem der Familie oder auch Gott gegenüber, wuchsen nun ins Unermessliche und das einsame Unverstandensein wurde unerträglich bis hin zu Suizidgedanken.

Heute dagegen wird diese Art der nachgeburtlichen Depression ernst genommen und von den Angehörigen wird viel Liebe und Geduld verlangt, damit die Seele der Erkrankten Zeit hat, sich zu erholen und aufzuhellen. In schweren Fällen darf aber nicht versäumt werden, die Heilung des Gemüts durch fachärztliche Hilfe und Medikamente zu unterstützen, denn die Traurigkeit und die Schuldgefühle der Betroffenen können Formen annehmen, welche die Leidenden den Tod suchen lassen.

Erst die unglückliche Lady Diana, die unter anderem ebenfalls von dieser Art der Depression betroffen war, bewirkte, dass man offen über dieses Leiden zu sprechen wagte, indem sie den Mut hatte, sich ungeachtet ihrer hohen Stellung zu ihrer seelischen Erkrankung zu bekennen. Damit befreite sie unzählige Frauen von falschen Schamgefühlen in Bezug auf ihre postnatale Depression. In einem Interview sagte Prinzessin Diana auch einmal, sie hätte eine Kraft in sich, die es vermöge, dass sich Menschen allein durch die Begegnung mit ihr oder durch ein Händehalten bei Spitalbesuchen besser fühlten. „Ich weiß, dass ich das kann!“, betonte sie noch fast trotzig, so als ob ihr jemand widersprochen hätte. Ich gebe ihr Recht. Diana wirkte heilend. Es war nicht nur ihr äußerer Glanz. Sie strahlte Liebe aus, die von Herzen kam und die Seelen erhellte. Deshalb war auch die Trauer um sie nach ihrem tragischen Unfall weltweit so groß, als ihr Lebenslicht erloschen war.

Auch andere Formen der Depression sollten heute keinerlei Grund mehr sein, sich dafür zu entschuldigen, zu schämen oder gar die Erkrankung verstecken zu müssen. Ich versuche jeweils die Menschen, die mich mit solchen mit ihrem Leiden verbundenen Gefühlen aufsuchen, davon zu befreien und ihnen klarzumachen, dass es sich um eine Störung des Stoffwechsels handeln kann und eine Krankheit ist wie jede andere auch. Sie ist ebenso wenig peinlich wie an Rheuma erkrankt oder als Diabetiker auf Insulin angewiesen zu sein. So wie Letzterem sein von seinem Körper nicht mehr produziertes Hormon künstlich zugeführt werden muss, kann auch der Depressive auf fehlende Botenstoffe angewiesen sein, die im Ernstfall chemisch und von außen aufgenommen werden müssen. Wie ein Gips dem gebrochenen Bein zu einer vorübergehenden notwendigen Ruhestellung verhilft, um die Knochen wieder zusammenwachsen zu lassen, so schenkt das geeignete Medikament der „gebrochenen Seele“ die Stütze, welche sie zur Zeit des Taumelns und der Sturzgefahr braucht, um danach wieder neu gehen zu lernen.

War es Gnade, dass ich von diesem Zustand erlöst wurde? Oder war es dieser kraftvolle Kern in mir, der mich dies überleben ließ? Ich beschloss, wie bei der Schlaflosigkeit, mich am tiefsten Punkt meiner Depression einfach einem Roboterdasein zu ergeben, ohne jedes Gefühl und ohne jegliche Erwartung oder Anspruch auf persönliches Glück nur noch zu „funktionieren“ und meine täglichen, notwendigen Pflichten rein mechanisch zu erfüllen. Damit entfiel das Gefühl des Drucks, etwas entspannte sich und das Dunkel wich. Allmählich wurde es Frühling, sowohl draußen wie auch drinnen in meinem Gemüt.

Meine Genesung wurzelte wohl auch dieses Mal in der göttlichen Vorsehung. Ich sollte – viel später in meinem Leben – nicht mit Kranken über Depression sprechen können, ohne diese vorher selbst – wenn auch nur anflugsweise und vorübergehend – kennen gelernt zu haben. Ich sollte später, als spirituelle Heilerin, niemals einem chronisch Schmerzkranken, einem Psychotiker oder endogen Depressiven aus Naturheil- oder Glaubensprinzip, mit der Arroganz der selbstgerecht Gesunden vorschnell vom Einsatz von lindernden Medikamenten abraten. Wohl dem, welchem harmlose Kräuter zur Gesundheit verhelfen und ich rate

in erster Linie dazu, doch auch hier ist Demut am Platz angesichts anhaltender, resistenter und unerträglicher Leiden. Schließlich wurde auch die Chemie – schon allein dieses Wort wirkt auf viele Menschen wie Gift und sie sprechen es auch mit einem solchen Unterton aus – in ihrem Ursprung aus Naturstoffen entwickelt. Man denke nur an das schon fast klassische Schmerzmittel „Aspirin“, das ursprünglich aus Weidenrinde gewonnen wurde. Hierzu möchte ich den amerikanischen Autor Andrew Solomon zitieren, der ein umfassendes Werk über seine selbst erlebte Hölle der Depression geschrieben hat und ohne Psychopharmaka wohl nicht mehr leben würde: *„Welche ursprüngliche Lebenskraft auch immer zu den ersten Amöben geführt hat, sie hat auch das menschliche Gehirn geschaffen, das mit Chemikalien beeinflusst werden kann, und sie hat menschliche Wesen geschaffen, die in der Lage sind, Chemikalien herzustellen und diese zu nutzen.“* [2]
Aber auch hier gilt: Die Dosis macht das Gift und man sollte sich niemals vorschnell und leichtfertig für oder gegen ein Medikament entscheiden. Abgesehen davon können auch Heilkräuter Allergien erzeugen und krankmachen. Eines der jetzt bekanntesten Beispiele ist das stimmungsaufhellende Johanniskraut, das in einigen Antidepressiva enthalten ist, aber vor Operationen wegen unerwünschter Wechselwirkungen abzusetzen ist, so natürlich es auch sein mag. Der Körper und der Stoffwechsel eines jeden Menschen ist ein einzigartiges Kunstwerk und reagiert deshalb sowohl auf Naturheilmittel wie auch auf schulmedizinisch entwickelte Medikamente individuell und seiner Besonderheit entsprechend. Im Fall einer leichten Gemütsverstimmung verbunden mit Schlafproblemen würde ich einem Menschen zu Beginn sicher anraten, sein Leiden mit sanften alternativen Heilmethoden, die leichte Depressivität mit dem wirksamen Johanniskraut und die Schlafstörung mit Baldrian zu lindern suchen. Bei einer schwersten, endogenen Depression aber ist der

Gang zum Arzt unumgänglich und die Einnahme von geeigneten Medikamenten kann zur Notwendigkeit werden, falls der Betroffene Suizidgedanken erwägt. Lassen sie mich hierzu eine Passage aus dem Buch „Der sensible Mensch" von Dr. med. Samuel Pfeifer zitieren: *„Ich habe gerade unter meinen psychotischen Patientinnen und Patienten viele liebevolle, feinfühlige Menschen kennen gelernt. Mit den Jahren kennen sie die Symptome ihrer Störung und spüren, wenn die Sensibilität wieder in eine Krankheitsphase einmündet. Sie wissen auch, dass es sich bei ihren Ängsten um eine Störung der Informationsverarbeitung im Gehirn handelt.*

Auch wenn sich so manche psychische Konflikte und frühere seelische Verletzungen in das Zustandsbild mischen, ist hier nicht in erster Linie Psychotherapie angezeigt, sondern eine fachgerechte Einstellung der Medikation, verbunden mit einer einfühlsamen therapeutischen Begleitung. Wesentlich ist, dass Therapeuten und Seelsorgerinnen diese spezifische Form der psychotischen Sensibilität kennen und rasch eine fachärztliche Behandlung vermitteln." [3]

Krankheit als Lehrmeisterin

Meinen ersten Hexenschuss hatte ich mit vierzehn Jahren und seit ich 23 Jahre alt war, ließen mich meine rheumatischen Schmerzen kaum mehr los. Nach der Geburt des dritten Kindes entwickelte sich bei mir eine äußerst schmerzhafte Epicondilitis, eine Knochenhautentzündung des rechten Ellbogens. Es war eines der wenigen Male, wo ich zur glücklichen Empfängerin einer klaren Diagnose, deshalb von allen verstanden und nicht zur Psychosomatikerin abgestempelt wurde. Die geringste Bewegung meiner Finger oder ein Händedruck durchfuhren mich als stechender Schmerz und ich musste lernen, drei kleine Kinder mit der linken Hand zu versorgen. Eine Odyssee durch Arzt- und Naturheilpraxen begann, ohne jeglichen Erfolg. Im Gegenteil, sei es mit Arnika, Bestrahlung oder Cortisonspritzen, die Entzündung schritt fort und strahlte bis in die Finger aus. Eines Tages bemerkte ich, das die drei äußeren Finger meiner rechten Hand nicht mehr gehorchten und gelähmt waren. Ich war nun dem Kunststück kaum mehr gewachsen, unseren lebhaften Pfarrhaushalt nur linkshändig zu erledigen und setzte noch einmal meine ganze Hoffnung auf die ärztliche Kunst, indem ich in Basel den besten Professor für Neurologie aufsuchte. Sein Bescheid lautete: „Wenn man all das, was Sie mir geschildert haben, schon unternommen hat mit Ihnen, weiß ich auch keinen Rat mehr. Versuchen Sie den Ellbogen zu schonen und damit zu leben."

Ich war aufgegeben worden. Drei lahme Finger. Keine Hoffnung.

Zu Hause, nachdem ich die Kinder ins Bett gebracht hatte, ließ ich mich zuerst einmal in einen Sessel fallen und bemühte mich, die Lage nüchtern zu betrachten: Somit war ich also eine Austherapierte. Ich hatte nun die Wahl, entweder zu verzweifeln oder mir etwas einfallen zu lassen. Ich entschied mich für

Letzteres. Alsbald stand vor mir, wie ein Blitzgedanke oder ein inneres Bild, die Hauptfigur aus einem Kinderbuch, dem wohl berühmtesten Buch der Schweiz überhaupt, beliebt von den USA bis nach Japan. Vor mir stand ein kleines Mädchen namens „Heidi“ [4]. Dieses Kind wurde als heilend beschrieben und hatte die blinde Großmutter sehen, den in seinem Herzen verhärteten, ehemaligen Söldner „Alpöhi“ fühlen und die gelähmte Klara wieder gehen gelehrt. Als Kind hatte ich das Heidi-Buch niemals ganz gelesen, sondern nur die Stellen, die mich persönlich berührten: Diejenigen über das Heimweh in Frankfurt und die mich damals schon faszinierende Heilung der gelähmten Klara durch die Überzeugungskraft, die Zuversicht und den unerschütterlichen Glauben der kleinen Heidi.

Mein Entschluss stand fest und ich verteilte die Rollen: Ich wurde zur Heidi und meine gelähmten Finger waren fortan die Klara, auf die ich meine Gedankenkraft konzentrierte und ihnen suggerierte, sich doch – ich bat und betete darum – bitte jeden Tag auch nur den Bruchteil eines Millimeters zu heben. Von geistiger Heilung hatte ich noch nie etwas gehört und es war mir ein weiteres Mal auch gar nicht bewusst, dass ich diese ausübte.

Gleichzeitig - der Vollständigkeit halber möchte ich dies noch erwähnen - besann ich mich auf eine weitere Gabe, die Gott jedem Menschen mit auf den Erdenweg gegeben hat: den Verstand. Dieser bedeutete mir, dass, wenn ich durch Überlastung und einseitige Bewegungen krank geworden war, ich logischerweise eben alle Möglichkeiten der Entlastung anstreben müsse und neue Bewegungsabläufe einzustudieren hätte. Geist und Verstand verbanden sich und allmählich geschah das Unglaubliche: Ohne weitere Medikamente irgendwelcher Art ließ der scharfe Schmerz nach und das Leben kehrte in meine Finger zurück. Nach einigen Monaten war ich beschwerdefrei und – wie die meisten Menschen, wenn es ihnen besser geht – vergaß ich die leidige Angelegenheit für ein paar weitere Jahre.

Ich hingegen wurde nicht vergessen. Mein Leidens- und Lernprozess sollte noch andauern. Eine Krankheit löste die andere ab und jedes Mal, wenn ich ein Leiden erforscht und besiegt glaubte, tauchte ein neues auf. Mein Arm allerdings genas so gut, dass ich mich wieder ans Klavier wagte und während vier Jahren eine kleine Gruppe hoch begabter, etwa 6- bis 12-jähriger Geigenschüler der Musikakademie bei ihren Vorspielübungen und Proben begleitete. Etwa gleichzeitig nahm ich auch meine Malerei wieder auf, um mich rechtzeitig vorzubereiten auf den Moment, in dem unsere Kinder das Haus verlassen würden. Ich war fest entschlossen, mich dann ausschließlich der Malerei und vornehmlich der Darstellung des Menschen zu widmen.

Nach ein paar Jahren der zurückgezogenen Malstudien schien mir der Zeitpunkt gekommen, meine ersten Bilder auszustellen und aus diesem Grunde, und wieder meiner eigenen inneren, zum Aufbruch mahnenden Stimme folgend, beschloss ich, die Begleitung der kleinen Geiger auf dem Klavier aufzugeben. Nun geschah etwas Seltsames. Damals wunderte ich mich noch darüber, aber wenig später sollte ich lernen, das Zeichenhafte im Leben zu lesen und zu erkennen: wegweisende Fügungen, die sich unter Umständen auch in Gestalt einer Krankheit zeigen. Hatte ich nun vier Jahre lang ohne Beschwerden meines Ellbogens Klavier gespielt und dies jetzt aufgeben wollen, kehrten die Schmerzen mit ungeheurer Stärke zurück, kaum dass ich einer Cellistin versprochen und damit meinen Vorsatz gebrochen hatte, noch eine ihrer Schülerinnen bei einem Konzert zu begleiten. Die Schmerzen zwangen mich jetzt, auf mein Gefühl zu hören, das mir wie so oft zuvor sagte, dass es an der Zeit war kehrtzumachen, einen Strich unter die musikalische Epoche zu ziehen und nach neuen Horizonten aufzubrechen. So tat ich nun etwas, das ich sonst nie tue: Ich rief die Cellistin an und machte mein Versprechen rückgängig, denn der schneidende Schmerz war nach ein paar Übungsstunden so stark geworden, dass ich beim Malen meine rechte, den Pinsel haltende Hand mit der linken abstützen musste.

Mein Weg schien anders vorgezeichnet und ich hätte beinahe nicht auf meine innere Stimme gehört. Das alte Leiden warnte jedoch und dirigierte mich in eine mir vorbestimmte Richtung, zu der auch alle meine anderen Erkrankungen gehörten. Als Schule, als Praktikum gleichsam, damit ich dereinst, wenn die Zeit reif sein würde, den „Mühseligen und Beladenen“, von denen die Bibel spricht, den Austherapierten, den Psychosomatikern und den oft herablassend belächelten „Überallweh – Patienten ohne Befund“, mit eigener Erfahrung und echtem Verständnis begegnen können würde.

Mein Schicksal nimmt seinen Lauf

In jene Zeit fiel auch der ungeklärte Tod einer mir nahe stehenden Freundin, die im Ausland lebte. Ich hatte sie zu meiner Italienzeit kennen gelernt und lange aus den Augen verloren. Ihr jetziges Umfeld kannte ich deshalb kaum, doch war sie mir, nach der Wiederherstellung unseres Kontaktes, durch telefonische Gespräche und Briefwechsel zu einer Seelenschwester geworden.

Sie war ein Mensch, der sowohl im spirituellen wie auch im religiösen Bereich ihre Wurzeln hatte und eigentlich davon geträumt hatte, Theologie zu studieren. „Gutes tun mit der Bibel in der Hand", gestand sie mir etwas verlegen. Da die Familie aber Einspruch erhoben hatte und das Studium ohne deren Unterstützung nicht stattfinden konnte, wandte sie sich der Medizin zu: „Auf diese Weise kann ich auch Gutes tun." Sie zur Ärztin und ich inzwischen zur Frau des Pfarrers der Psychiatrischen Klinik geworden - unser Leben hatte vieles gemeinsam und zwischen uns entstand eine tiefe Freundschaft.

Eines Tages, sie hatte mir von einer belastenden Lebensproblematik erzählt und von dem Versuch eines Neuanfangs gesprochen, blieben ihre Antwortbriefe aus und auch das Telefon verstummte. Monate vergingen und ich merkte, wie viel mir dieser, von einer Seelenverwandtschaft getragene Gedankenaustausch bedeutet hatte. Es war, als ob ein wärmendes Licht erloschen wäre.

Beinahe ein Jahr später erfuhr ich durch eine gemeinsame Bekannte, die ich lange nicht mehr gesehen hatte, völlig überraschend, dass die Freundin plötzlich gestorben war, und dies offenbar nur wenige Tage nach unserem letzten Telefongespräch. Nähere Umstände waren nicht zu erfahren und

da ich versäumt hatte, mir die Namen ihrer wenigen guten Freunde zu merken, wusste ich nicht, wohin ich mich wenden sollte. Dennoch ließ mich der Gedanke nicht los, den Tod eines Menschen, der meiner Seele so nahe gestanden hatte, in meiner Vorstellung nicht nachvollziehen zu können. In der Klinik, in der sie gearbeitet hatte, gab man mir auf meinen Anruf hin nur ausweichende Auskünfte, machte aber Andeutungen, die meine Vermutung verstärkten, dass es sich um einen tragischen Tod gehandelt haben musste. Was auch immer ich in der Trauer in der Folge unternahm, alle meine Nachforschungen verliefen ergebnislos.
Durch den Umstand, dass eine gute Bekannte die frühere Nachbarin eines Parapsychologen und Mediums gewesen war und diesen als „eigentlich ganz normalen Menschen" bezeichnet hatte, wagte ich es dann später, mich in meiner Ausweglosigkeit an verschiedene Hellseher zu wenden, in der Hoffnung, dann eben auf übersinnlichem Weg etwas Licht ins Dunkel um den rätselhaften Tod meiner Freundin bringen zu können. Bald musste ich aber die Erfahrung machen, dass es wie überall im Leben galt, wachsam zu sein, den eigenen Verstand nicht zu Hause zu lassen und sorgfältig die Spreu vom Weizen zu trennen. Einige der „Hellsichtigen" tischten mir gar abenteuerliche Versionen auf, die von „Erschießen" bis zu „Ertrinken im Meer" reichten. Andere wiederum waren zwar mitfühlend, hielten sich aber bedeckt und sprachen vorsichtig von „Herzstillstand", was ja keine Fehldiagnose ist, da das Herz dies im Allgemeinen zu tun pflegt, wenn jemand stirbt.......
Nur ein einziges Medium – ich hatte zuvor vielleicht ein halbes Dutzend aufgesucht –, der Enkel eines berühmten schottischen Trancemediums, „erfühlte" die Wahrheit, wie sie sich später bestätigen sollte. Am Ende dieser Sitzung, wir verabschiedeten uns schon stehend, klaubte ich doch noch einen Brief der

Verstorbenen hervor. Da der nächste Klient schon wartete, wehrte er zunächst ab, zögerte dann aber, schien sich doch noch zu besinnen und murmelte nachdenklich „..........aber ich habe ein Gefühl von.........“. Was er dann sagte, sollte sich als richtig herausstellen. Zufallstreffer? Ich weiß es nicht. Ich weiß es so wenig, wie ich als Kind ergründen konnte, worin das Weltall enthalten ist. Ich erinnere mich nur, dass ich, als dieser Hellseher die Wahrheit erfühlte, dachte: „So ein Blödsinn, wieder so eine Erfindung, das war nun mein letzter Besuch bei einem Medium!“
Er sah damals zwar noch mehr, das mich verblüffte, so zum Beispiel, dass ich Mitte nächster Woche gemeinsam mit zwei Frauen eine Reise unternehmen würde, die mich über die USA nach Hawaii und weiter in Richtung Philippinen führen würde. Tatsächlich traf dies zu, denn wenige Monate zuvor hatte mich die letzte noch in Basel lebende Schwester meines Vaters, meine fast 80-jährige Tante Hanny Stehlin, aufgrund einer Erbschaft, die sie von einer Hundertjährigen gemacht hatte, eingeladen, unsere Verwandten in Samoa zu besuchen: „Ich wollte dir das Geld sowieso vererben, aber damit du nicht warten musst bis ich tot bin und wir beide etwas davon haben, nehmen wir das Geld jetzt und machen zusammen eine Weltreise!“
Tante Hanny litt an Angina Pectoris und empfand deshalb meine Begleitung auch als hilfreich, fügte aber dezidiert hinzu: „Unsere Verwandten in Samoa möchte ich noch sehen. Danach will ich noch 80 Jahre alt werden und dann sterben.“ Davon war sie nicht abzubringen - und so geschah es dann auch.
Mein Suchen nach der Todesursache meiner verstorbenen Freundin gab ich jetzt aber endgültig auf und reiste, wie schon Monate zuvor geplant und wie der Hellsichtige es „gewusst“ hatte, am Mittwoch der darauf folgenden Woche in Begleitung von Tante Hanny und einer weiteren Tante, Alice, über die USA, Hawaii und die Fiji–Inseln nach Samoa. Die Philippinen überquerten wir auf

dem Rückweg über Hongkong, wohin Tante Hanny, da mein Vater dort gelebt hatte, unbedingt auch noch reisen wollte.

Reise in die Südsee

In Samoa wurden wir von einer Schar samoanisch–chinesisch–schweizerischer Verwandten abgeholt, die uns zur Begrüßung schwere, betörend süßduftende Frangipaniblütenkränze um den Hals legten. Ein festliches Essen folgte, bei dem wir es uns nach der dortigen Sitte allerdings allein schmecken lassen mussten. Beifällig nickend standen dabei unsere Verwandten um uns herum und freuten sich sichtbar über unseren guten Appetit. Erst nachdem wir uns satt gegessen hatten, erlaubte es die Höflichkeit, dass sich der „Matai", der Häuptling, also mein Onkel Joe Stehlin, und seine Frau Alayula Ah-Ching an die Tafel setzen durften, gefolgt von der mittleren Generation und zu allerletzt von Dutzenden kleiner Südseekinder.

„Sind die alle verwandt mit uns?", stöhnte Tante Hanny. Sie waren es tatsächlich, denn Onkel Joe und seine Frau waren überzeugte Mormonen und hatten acht Kinder mit Anhang, was allerdings wenig war im Vergleich zu Tante Sisa, Joes Schwester in Neuseeland, die 14 Kinder, 36 Enkel und sieben Urenkel aufweisen konnte und die wir anschließend noch besuchen sollten, was die arme Tante Hanny dann endgültig überforderte.

Überhaupt machte ihr bei dem feuchtheißen samoanischen Klima das Herz schwer zu schaffen, sodass ich überlegte, ob ich es wagen könnte, ihr meine Hand heilend aufs Herz zu legen, denn einige Zeit zuvor hatte ich selbst Linderung durch eine Handauflegung erfahren. Ich entschloss mich aber, dies lieber zu unterlassen, sonst würde sie wohl an meinem Verstand zweifeln. An dem zweifelte ich dann aber fast selber und traute meinen Augen kaum, als Tante Alice und ich von einem Inselausflug kamen und die leidende Tante Hanny, die mit Schmerzen und schwerem Atem im Hotelzimmer zurückgeblieben war, erholt und höchst vergnügt vorfanden. Auf unsere Frage, was ihr denn so schnell geholfen hätte, antwortete sie mit der größten Selbstverständlichkeit: „Das samoanische Zimmermädchen. Sie kam herein, legte mir die Hand auf und dann fühlte ich mich besser!“

In Samoa wohnte ich mit meinen Tanten im Empfangsgebäude des legendären Aggie-Grey-Hotels, das noch aus der Kolonialzeit stammte, inzwischen aber leider nach Aggies Tod abgerissen und durch einen Neubau ersetzt wurde. Damals aber drehten sich an den Zimmerdecken noch Ventilatoren. Korbstühle mit dem typischen dunkelbraunen Tapa-Stoffdruck auf den Kissen, ein alter, ratternder Eisschank und eine einfache Dusche sorgten für den nötigsten Komfort in jenem Jahr 1984, als die beiden großen Ladies, die Schwestern Aggie und Mary, noch lebten. Vor dem einstöckigen, jeden Tag mit frischen Blumengirlanden geschmückten, alten Empfangsgebäude pflegte auf einer Bank noch Tante Mary zu sitzen und sich vornehm mit dem Palmwedel Kühlung zuzufächern. Abgesehen von ihren Bridge–Nachmittagen mit den Damen der gehobenen Gesellschaft Apias, der kleinen Hauptstadt Westsamoas, liebte sie es, Gäste zu empfangen, ein paar Worte mit ihnen zu wechseln oder auch mich einmal entsetzt zu rügen, weil ich völlig alleine den steilen Weg durch den Dschungel zum Grab von Robert Louis Stevenson, dem Dichter des berühmten Abenteuerromans „die Schatzinsel“, erklommen hatte. Überfälle durch Samoaner waren auf jenem Pfad nicht selten, deshalb war auch Marys Entsetzen so groß. Davon hatte ich jedoch keine Ahnung gehabt und Mary starrte mich vollends entgeistert an, als ich ihr berichtete, dass ich tatsächlich im Dschungel einem finster dreinblickenden Mann mit einem Buschmesser in der Hand begegnet war und ihn bis auf das Grab hinauf nicht abschütteln konnte. Erst der Verweis auf meine Verwandtschaft mit dem Mormonenoberhaupt Joe Stehlin

bewirkte, dass er von mir abließ. Mein Schutzengel war wohl mitgewandert und die Story von dem „Mann mit dem Messer“ war am nächsten Tag das Tagesgespräch in Aggies Hotel.
Tante Mary war von einer ebenfalls mit uns Verwandten, ihrer Patin, großgezogen worden, nachdem ihre und Aggies Mutter gestorben war. Aggie war die berühmtere Schwester und soll dem Schriftsteller J.A. Michener als Vorlage für seine „Bloody Mary“ gedient haben. Auch um ihr Hotel rankten sich lustvolle Gerüchte, denn es stand im Verruf, zu Beginn eine ganz andere Funktion gehabt zu haben, was ich allerdings bezweifeln möchte, denn die beiden Schwestern waren echte Ladies vom alten, unterkühlten Stil und großer Klasse. Ihre Mutter war Samoanerin und ihr Vater Engländer gewesen. Aggie wurde weit über 90 Jahre alt und zu einer Legende der Südsee. Über sie wurde ein Buch geschrieben, in dem auch einige Kapitel einem anderen Veteranen und dessen Jugend auf der schwarzen, vulkanischen Nachbarinsel Savaii gewidmet sind: Meinem geliebten Onkel Eddie Stehlin, Joes Bruder, auf den ich später zu sprechen komme. Er sollte mir mit einem einfachen, aber tief gläubigen Gedanken wegweisend werden.
Aggie gab trotz ihres hohen Alters immer noch gelegentlich beim Fia–Fia–Fest ihren traditionellen Tanz zum Besten, verließ aber sonst ihre Wohnung nur noch selten. Deshalb liebte sie es, die Welt zu sich hereinzuholen und bestimmte Gäste, die sie neugierig machten, zum „afternoon-tea“ zu empfangen. Diese Gunst erwies sie auch uns und, den Palmwedel in der einen Hand, lud sie uns mit der anderen huldvoll ein, Platz zu nehmen. Unsere Schweizer Familiengeschichte interessierte sie natürlich, da Onkel Joe ihr Blumenlieferant war, der jeden Morgen das Hotel mit frischen Hibiskus- und Frangipaniblüten von seiner Plantage belieferte und sie seine ganze samoanische Familie kannte. Abgesehen davon kannte auf der Insel sowieso jeder jeden sowie

dessen offene oder versteckte Geheimnisse. Als das Familienthema erledigt war, erzählte Tante Hanny die Geschichte vom heilenden Zimmermädchen. Gelassen meinte daraufhin Aggie Grey: „Das hat bei uns Tradition. Jeden Sonntagmorgen versammelt sich ein Heilerkreis im Hafen und hilft den Menschen, die es nötig haben."

Wenn man mir damals gesagt hätte, dass ich etwa zehn Jahre später mit dem gleichen Selbstverständnis Menschen die Hände auflegen würde und dazu noch in einer Kirche im Herzen Basels – ich hätte es nicht geglaubt!

Samoa, dieses feuchtheiße Inselparadies mit seinem türkisfarbenen Meer, den Wasserfällen im Regenwald, seinem schwarzen Lavagestein und den bleigrauen Wolken, die immer wieder zerreißen, um die sengende Sonne durchzulassen und einen Blick auf den azurblauen Himmel freizugeben – Samoa hatte mein Herz so sehr gewonnen, dass ich es in den darauf folgenden Jahren vom Erlös meiner ersten Ausstellungen noch dreimal aufsuchte.

Auch Stevenson hatte seine letzten Lebensjahre auf Samoa verbracht und wurde von den Inselbewohnern als ihr „Tusitala", ihr Geschichtenerzähler, geliebt und verehrt. Als er starb, setzte sich der große Häuptling Tuimaleali'ifana mit gekreuzten Beinen neben den Toten und klagte: „Unser geliebter Tusitala. Die Steine und die Erde weinen."

Eine wundersame Fügung

Dieses erste Mal in der Südsee saß ich, nach nur wenigen Stunden Flug von Samoa aus, einigermaßen bedrückt im winterlichen Auckland Neuseelands, wo die nächsten Verwandtenbesuche bei Tante Sisa und Onkel Eddie angesagt waren. Meine beiden Tanten schliefen nach dem Nachtflug noch und ich, die notorische Frühaufsteherin, trauerte einsam im Frühstücksaal unseres Hotels meinem verlorenen Paradies nach, in dem wir, Tante Hannys Herz und der feuchten Hitze wegen, die sie schlecht vertrug, nur wenige Tage verbracht hatten.
Da öffnete sich die Türe des Frühstückraumes. Eine Gruppe italienischer Touristen stürmte herein, schlang hastig das Frühstück hinunter und eilte alsbald hinaus zum Treffpunkt ihrer Abreise auf die Südinsel. Dennoch nahm sich eine Touristin die Zeit, mich noch neugierig anzusprechen, interessierte sich für die Geschichte meines untergetauchten Urgroßvaters und wollte später, zurück in Europa, anrufen, um mehr über diese spannende Geschichte zu erfahren.
Tatsächlich rief sie etwa zwei Monate später an. Obwohl ich nach den vielen Abenteuern in der Südsee nicht mehr daran gedacht hatte, wurde ich aber sofort wieder hellhörig, als sie mir sagte, dass sie aus derselben Stadt stamme wie meine verstorbene Freundin. Ohne die geringste Absicht auf Erfolg sprach ich die italienische Neuseelandtouristin darauf an und erwartete als Antwort schon die übliche ratlose Verständnislosigkeit.
Zu meiner grenzenlosen Überraschung rief sie aber sofort aus: „Oh, die dottoressa! Ich war ihre Patientin!“ Und kurz darauf war ich im Besitz der während Jahren mit allen Anstrengungen vergeblich gesuchten Lösung des traurigen Rätsels: Meine mir

seelisch so nahe gestandene Freundin hatte sich in einem Anfall von Verzweiflung das Leben genommen.
Ich hatte also jahrelang jeden mir möglichen Versuch unternommen, etwas über ihr geheimnisvolles Ableben an Ort und Stelle zu erfahren, doch erst in dem Moment, als ich aufgegeben hatte, kam die Lösung wie von selbst zu mir und dies am entferntesten, anderen Ende der Welt!
Das Unwahrscheinlichste, Zeichenhafteste daran aber war die Tatsache, dass ich jener Touristin in Neuseeland genau am Geburtstag der Verstorbenen begegnet war!

Obwohl ich die Begegnung mit meinem Mann anlässlich des Todes meines Vaters schon als schicksalhaft empfunden hatte, war es, als ob ich erst jetzt vollends aus einem Dornröschenschlaf erwacht wäre. Von nun an begann ich endlich weiterweisende Zeichen und Signale achtsam wahrzunehmen, ohne jedoch verkrampft in alles und jedes einen esoterischen Sinn deuten zu wollen, was mich in eine Abhängigkeit geführt hätte.
Auf einmal überblickte ich die Zusammenhänge und Muster meines Lebensweges auch rückwirkend. Ein tiefes Vertrauen in die Führung einer höheren Macht durchflutete mich warm und ich wurde erfüllt von einer ständig wachsenden, nie zuvor gekannten Gelassenheit. Auch zurückblickend erkannte ich die Zeichen und die Weichenstellungen in meinem Leben und, als ob nur auf mein Erwachen gewartet worden wäre, begannen sich besondere Ereignisse an bestimmten Daten zu wiederholen. Die Zeichen wurden immer deutlicher, um mich mehr und mehr aufmerksam zu machen auf ein geheimnisvolles Netzwerk, nicht nur innerhalb meines eigenen Schicksals, sondern auch in Verbindung mit jedwedem Geschehnis und Lebewesen, sei es Mensch, Tier oder Pflanze.

Ich erkannte, dass, was immer ich auch tue, ob gut oder schlecht, es eine alles erfassende Auswirkung auf den ganzen Kosmos hat. Der Stein, der ins Wasser geworfen wird, löst eine weiter greifende Wellenbewegung aus, die schlussendlich sanft den Sand und die Muscheln am Ufer umspült, ohne dass der Stein jemals direkt in Verbindung mit der Muschel gekommen wäre.
Der Geist, mit dem wir hier und jetzt wirken oder einem Menschen begegnen, wird durch diesen hinausgetragen, erfasst den Nächsten, erreicht schließlich den uns unbekanntesten Menschen am andern Ende dieser Erde und hilft so mit, die Weltenseele zu bewegen.

Von Hellsehern, Medien und Spoekenkiekern

Fast war es, als ob schon fünf Jahre vor meiner Südseereise etwas in mir geboren worden wäre in dem Moment, als die Seelenschwester starb.

Wurde sie im Jenseits mit einer neuen Aufgabe betraut? Konnte sie von dort aus besser wirken? Wurde sie gar von Gott zu einem helfenden Schutzengel ernannt? Ergänzen und bestärken uns wohl schöne Seelen aus himmlischen Sphären in unserem irdischen Wirken?

Von jener Zeit an wurde ich in einen Wirbel von Zufällen und Fügungen hineingezogen, der sich immer intensiver drehte, dessen Zeichen ich aber nicht lesen konnte, denn ich hatte noch immer nicht alle Schulklassen der Vorbereitung auf das mir bestimmte Ziel durchlaufen und es waren weitere schmerzhafte Verluste mir lieber Menschen und auch Krankheiten notwendig. Jetzt, zurückblickend, ist für mich der Weg klar erkennbar, damals jedoch ahnte ich nicht, wohin mich diese Prüfungen führen sollten.

In der Bibel ist von Erscheinungen und Weissagungen oft die Rede. Ohne sie, so steht geschrieben, hätten die Heiligen Drei Könige den Weg zur Krippe Jesu Christi nicht gefunden.

In der Heimat meiner Großeltern, die im ehemals dänischen Flensburg geboren wurden, heißen die Menschen, die im rauen Klima der Nord- und Ostsee Gesichte sehen, sowie die alten Weiblein, welche Schauerliches von Erscheinungen ertrunkener Matrosen zu erzählen wissen, Spoekenkieker. Über sie schreibt auch Theodor Storm in seiner Novelle „Der Schimmelreiter“. Zwar war ich mit übersinnlichen Erfahrungen schon in Berührung gekommen, doch bewusst hatte ich vor jenem Todesfall keinen Umgang damit gepflegt und hätte es wohl auch nie getan, wenn nicht ein ungelöstes Rätsel mich dazu geführt hätte.

Offenbar schien die Zeit aber auf jeden Fall reif dafür gewesen zu sein, denn wenige Tage vor dem Tode der Freundin rief mich eine Verwandte an, welche ich jahrelang nicht mehr gesehen hatte und die mein Leben nicht kannte. Es war ihr offensichtlich peinlich, was sie mir mitzuteilen hatte, und ich würde, so meinte sie, sicher denken, sie wäre nicht bei Sinnen. Neugierig geworden, ermutigte ich sie, mir zu sagen, was sie auf dem Herzen hätte, doch was sie mir dann erzählte, ließ mich damals nur schon bei dem Gedanken an so etwas erschauern.
Die Verwandte war bei einem Hellseher gewesen, der meinen Vater „sah“, dessen Tochter – also ich – sehr bald eine schwere Zeit durchmachen würde.
Ob nun meine Verwandte mitsamt ihrem Hellseher bei Sinnen war oder nicht, war ich mir nicht sicher.
Jener Anruf hatte dann allerdings zur Folge, dass ich, als die vorausgekündigte schwere Zeit mit dem unerklärlichen Tod meiner Freundin tatsächlich begann, jenen Hellseher ebenfalls aufsuchte. Mochte er bei meiner Verwandten auch ins Schwarze getroffen haben, so tischte er mir aber eine höchst abenteuerliche, gar schauerliche Unfallgeschichte in allen Details auf, die, wie sich später herausstellen sollte, überhaupt nicht zutraf. In „Halbtrance“, wie er sagte. Diese Trancesitzung überzeugte mich - als geerdeter Mensch beobachtete ich ihn dementsprechend kritisch - nicht im Geringsten. Zugute halten muss ich ihm rückblickend allerdings, dass er ansonsten sehr mitfühlend und aufbauend war und vermutlich vielen Menschen Trost spenden konnte. Ja, ich glaube nicht einmal, dass er mich bewusst betrog, sondern selber an das glaubte, was er wahrzunehmen schien. Die Grenzen zwischen Unbewusstem und Medialem sind eben sehr subtil, sie zu unterscheiden ist schwer und Wachsamkeit ist stets angebracht.

Dennoch bereue ich nicht, mich aus Wissensdrang und Forschungstrieb auf solche Erfahrungen eingelassen zu haben. Ich lernte erstens – wovon die Bibel spricht –, die Geister zu unterscheiden und zweitens, dass auch Hellseher und Medien nur Menschen wie du und ich sind, Menschen, die über eine Gabe verfügen, die in uns allen angelegt ist. Fast jeder von uns erlebte doch schon einmal, dass er ganz intensiv an jemanden denken musste und in demselben Moment rief derjenige an: Telepathie, eine fast alltägliche Ausdrucksform der Medialität. Bei Hellsehern, sofern es sich wirklich um echt begabte handelt, ist diese Gabe deutlicher entwickelt, doch sind auch sie nur Menschen mit besseren und schlechteren Tagen und keine Spielautomaten, die man nach Belieben aufziehen kann, um dann die gewünschte Melodie vorgespielt zu bekommen.

Die Menschen, die einen Hellseher aufsuchen, befinden sich häufig in einer ausweglosen Lage. Sie haben vielleicht einen geliebten Partner verloren oder ein Angehöriger verstarb, ohne dass man sich nach einem Streit aussöhnen konnte. Auch schwierige soziale Situationen können die Ratsuchenden in ihrer Verzweiflung so weit treiben, dass sie sich überwinden, ein Medium aufzusuchen, hoffend auf eine Antwort, die ihnen Linderung in ihrer Not verschaffen könnte. Dies oft, nachdem sie schon Pfarrer, Ärzte, Therapeuten und den Freundeskreis bis zum Überdruss und ohne Trost zu finden mit ihren Problemen angegangen sind.

Vorsicht ist allerdings geboten vor Scharlatanen, die aus Machttrieb und Geldgier eine eiskalte Schau zum Schaden der gutgläubigen Verzweifelten abziehen, und ich kann nicht eindringlich genug raten, sich nicht durch großspuriges Auftreten blenden zu lassen und immer den besten Freund mitzunehmen: unseren gesunden Menschenverstand, der uns davor bewahrt,

kurz- oder langfristig in die Abhängigkeit solcher Betrüger zu geraten.
Echte Güte und Liebe zum Menschen werden wir aber mit unserem Herzen immer erkennen und ich bin unter den Hellsichtigen auch wahren Seelsorgern und lebenserfahrenen Ratgeberinnen begegnet, die ihren feinen Draht zu nichtirdischem Wissen aus Mitgefühl mit dem Ratsuchenden, zum Trost von dessen wundem Herzen einsetzen und ihn nicht in eine Abhängigkeit führen wollen.
Davor sollte auch ein Heiler den Hilfe Suchenden bewahren und ihm nur solange eine stützende Hand leihen, bis dieser aus sich selber erstarkt und gewachsen ist zu eigener innerer Kraft.
Die einzige Abhängigkeit, die Gnade ist und in die man sich voller Vertrauen fallen lassen darf, ist diejenige von Gott. Ich habe erfahren, dass, seit ich diesen Weg gefunden habe, mir die Antworten auf meine Fragen durch Fügungen im alltäglichen Leben zuteil werden und ich lernte auch, mit Geduld und Vertrauen abzuwarten, bis der Zeitpunkt eintrifft, in dem die Fragen sich von selbst entschlüsseln.

Das richtige Buch zur richtigen Zeit

Eine kleine Zeitreise bringt mich wieder zu dem Punkt, als ich mich meiner inneren Stimme folgend, endgültig entschlossen hatte, die Klavierbegleitung der kleinen Geiger aufzugeben um nur noch zu malen. Leider machte mir meine Gesundheit abermals einen Strich durch die Rechnung. Diesmal war es wieder mein Rücken, der sich seit dem allerersten Schub, damals als ich erst vierzehn Jahre alt war, immer wieder mit scharfen, bis in die Beine ausstrahlenden Schmerzen und auch Lähmungserscheinungen bemerkbar machte. Längst hatte ich gelernt, durch gleichmäßige Wärme und neu überlegte Bewegungsabläufe meinem Rücken Linderung zu verschaffen, aber dennoch zwangen mich von Zeit zu Zeit besonders qualvolle Schübe im wahrsten Sinne des Wortes zu Boden.

Tatsächlich war ein Teppich auf dem Fußboden dann noch der einzige Ort, wo ich es einigermaßen schmerzfrei aushalten konnte. Es war, als ob mein nun wieder geheilter Arm etwa zehn Jahre nach der Heidi-Geschichte seine Schmerzen an den Rücken delegiert hätte. Und als die Not am größten, war mir auch Gott am nächsten und ließ mir ein Buch zuspielen. Diese Fügung entsprang allerdings einem sehr tragischen Umstand.

Wie man den Zeitungen entnehmen konnte, stürmte in jenen Tagen ein Patient ins Kantonsspital Basel, drang in das Sprechzimmer seines Arztes - Dr. Dieter Beck - ein und erschoss diesen auf der Stelle.

In der Folge wurde mein Mann gebeten, dessen Beerdigung zu übernehmen. Vom Vorgespräch mit der Witwe kam er mit dem Manuskript eines Buches nach Hause, das der Arzt gerade beendet hatte, ohne jedoch die Zeit gehabt zu haben, es zu veröffentlichen. Dies geschah bald darauf im Jahre 1981.

…mals also überreichte mir mein Mann, als er mich beim …chhausekommen wieder einmal flach auf dem Fußboden liegend vorfand, das Manuskript und meinte: „Dieses Buch könnte von Interesse sein für dich."

Das Buch trug den Titel „Krankheit als Selbstheilung" [5].

Es war für mich das erste Buch, das mich auf die geheimnisvollen Zusammenhänge zwischen Körper und Seele aufmerksam machte, und es gab mir grundlegende, wichtige Denkanstöße. Ich schlussfolgerte: Wenn die verwundete Seele den Körper also „kränken" kann, demnach auch der umgekehrte Weg möglich sein müsse, nämlich: den kranken Körper durch liebevolles Einwirken auf die Seele wieder gesunden zu lassen.

Inspiriert durch die Einsichten des feinfühligen Arztes begann ich nun meine eigenen Atemübungen zu entwickeln, zu denen mir erstaunlicherweise Tom Johanson, der große englische Heiler, wenig später ebenfalls raten sollte.

Ohne irgendwelches Wissen von Chakren stellte ich mir intuitiv vor, ich würde mich oben auf dem Schädel, dort wo beim Neugeborenen die Fontanelle sitzt, zu Gott hin öffnen, zu seinem heiligen, heilenden Geist. Ich bat Gott um die Gnade, seine Heilkraft in meinen Körper fließen zu lassen.

Beim Einatmen stellte ich mir vor, wie dieser heilende Strom meines Atems an die Stelle fließen würde, wo es mich am meisten schmerzte. Dort umkreiste ich in Gedanken diesen Punkt, fühlte ihn noch einmal ganz bewusst, hielt dabei kurz den Atem an und ließ ihn dann langsam wieder hinausströmen, wobei ich alles Schmerzende mitfließen ließ und gleichsam an Gott abgab.

Diese Übung machte ich in acht Atemzügen dreimal pro Tag und nach kurzer Zeit war ich schmerzfrei. Herausgefunden hatte ich allerdings bereits rein rational, dass es klüger war, sobald dieser messerscharfe Schmerz in den Rücken schoss, alles auf der Stelle stehen und liegen zu lassen und den Rücken in einer möglichst schmerzfreien Lage zu entspannen, als aus Pflichtgefühl gegen die Schmerzen anzugehen und so die Muskeln sich noch mehr verkrampfen zu lassen. Auf diese Weise und mit den Atemübungen dauerten jetzt die Schübe nur noch fünf Tage, bei falsch erwiesenem Heldentum hätten sie fünf Monate gedauert. Trotzdem wurde ich nicht ganz von den Schmerzattacken befreit und ich war wieder einmal am Ende einer weiteren Ärztetournee angelangt. Die Mediziner waren ratlos: Kein eindeutiger Befund, die Medikamente zeigten keine Wirkung mehr. So begab ich mich dann auf eine Odyssee durch diverse alternative Naturheilpraxen, die allerdings auch kaum etwas fruchtete. Außer, dass ich eine Fußreflexmasseurin, eine pensionierte Krankenschwester, fand, die mich auf die ersten Basler Natura-Heiltage aufmerksam machte, und dass sich während der Massage zwischen ihr und mir ein interessanter und bestätigender Dialog über das geistige Heilen entspann. Ein Thema, über das man sich damals nur hinter vorgehaltener Hand unterhielt, wollte man nicht für verrückt gehalten werden.

Padre Pio

In jener Zeit wagte ich es dennoch bald darauf, eine Heilerin aufzusuchen, oder vielmehr, ich wurde durch unerträgliche Schmerzen dazu gezwungen, ohne es geplant zu haben.
Mein Mann, unsere drei Kinder und ich liebten es, die Sommerferien im familienfreundlichen Italien zu verbringen. Jedes Jahr fuhren wir ein wenig weiter den Stiefel hinunter und verbanden das Baden im Meer für die Kinder jeweils mit etwas Kulturellem für uns. In jenem Sommer hatte ich mir gewünscht, im Gargano vorbeizufahren und in San Giovanni Rotondo die Stätte aufzusuchen, wo der inzwischen vom Vatikan heilig gesprochene Pater, Mystiker und Heiler „Padre Pio" zu seinen Lebzeiten gewirkt hatte. War es die Gluthitze, die uns nass geschwitzt im Durchzug an den Autopolstern kleben ließ oder war es ein Bandscheibenvorfall gewesen? Ich jedenfalls kam, im Gegensatz zu andern Pilgern, heil an der Gedenkstätte an, sackte aber wenig später wie vom Blitz getroffen zusammen, als mich jener ungeheure Schmerz durchfuhr, wie ich ihn selten so jäh erlebt hatte. Ich war kaum mehr gehfähig, denn meine Beine knickten bei jedem Schritt vor Schwäche und Schmerz ein. Es war nicht nur unheimlich, sondern mir auch sehr peinlich, verdarb ich doch anderen Menschen ihre Freude, da wir am selben Tag noch weiterreisen sollten bis in die Marken, um nach vielen Jahren meine ehemalige römische Zimmervermieterin Esterina in ihrem Heimatdorf Montappone zu besuchen. Sie hatte sich seit Monaten auf unseren Besuch gefreut, befand sich in großer Aufregung und ihre Vorbereitungen dauerten schon wochenlang.
Die Autofahrt dorthin war qualvoll und mein Einzug ins Haus von Esterina kläglich.

Doch sie wusste Rat: „Perchè non vai da una guaritrice? – Warum gehst du nicht zu einer Heilerin?“ – Restlos verblüfft starrte ich meine gute, alte Pensionsmutter an.
In meiner Not war ich aber mit allem einverstanden, außerdem war das ja weit weg von zu Hause und es kannte mich hier keiner, so überlegte ich. Trotzdem wollte ich noch etwas mehr wissen über diese Heilerin, die mitten auf dem Lande bei einem Nachbardorf lebte und wirkte.
Esterina erklärte mir, dass dieser Heilerin, Maria Natali, als etwa achtjähriges Kind der Padre Pio erschienen sei und seither wäre sie sich ihrer heilenden Kraft bewusst. Ausgerechnet wieder der Padre Pio, an seiner Gedenkstätte hatte mit meinem Rücken ja alles angefangen!
Trotzdem fand ich mich später mit ein paar anderen Menschen, Bewohnern der umliegenden Dörfer, bei der Heilerin in ihrem rebenumsponnenen Häuschen unter den Olivenbäumen ein und wartete geduldig, bis ich an die Reihe kam.
Der Raum, in dem sie heilte, war angefüllt mit Statuen und Bildern Padre Pios und außerhalb ihres Häuschens hatte sie ihm eine Kapelle errichtet.
Die Heilerin war eine sehr lebhafte, schlanke Frau, die mir temperamentvoll einige Male mit den Händen über mein Kreuz fuhr und dabei unaufhörlich redete, wobei ihre Berührung in meinem Rücken ein Gefühl von großer Wärme erzeugte. Verstohlen tastete ich, ohne dass sie es bemerken sollte, mit meiner Hand nach hinten, um diese seltsame Wärme und mein objektives Wahrnehmungsvermögen zu kontrollieren. Doch es stimmte, es war als ob ein Heizkissen auf meinem Rücken gelegen hätte.
Nachdem ich die von Padre Pio ernannte Heilerin verlassen hatte, ließen meine Schmerzen nach und am nächsten Morgen war ich gesund.

Es war der intensivste Rückenschmerz gewesen, den ich je erlebt hatte, und die schnellste je erfolgte Heilung, was meine Skepsis stark ins Wanken geraten ließ. Sehr nachdenklich geworden, fuhr ich mit meiner Familie zurück in die Schweiz und versuchte, mir über die Bedeutung der Zusammenhänge klar zu werden: Bei Padre Pio war ich krank geworden und durch eine Frau, die in dessen Namen als tiefgläubige Katholikin im Glauben an die Heilige Dreifaltigkeit heilte, wurde mir geholfen.

Erste Begegnung mit Tom Johanson

Animiert durch jene ehemalige Krankenschwester, welche mir die Füße massiert hatte, besuchte ich im Jahre 1982 die Basler Natura-Heiltage, um mir die Geistheiler, Schamanen und philippinischen Operateure, die daran teilnahmen, anzusehen und mir meine eigene Meinung darüber zu bilden. Gänsehaut erzeugend rann dann auch erwartungsgemäß das Blut aus den Wunden der von den Philippinos ohne Narkose Operierten, die dabei offensichtlich keine Schmerzen zu empfinden schienen. Unheimlich und unerklärlich war auch der Umstand, dass die Wunden sich öffneten und wieder schlossen durch einfache Berührungen mit den bloßen Händen der exotischen Heiler. Fachleute aus der Medizin standen wachsam dabei und kontrollierten scharf, ob auch ja keine „Watte-im-Ärmel-Tricks" angewandt wurden, ja sogar die Watte wurde genauestens observiert. Ich saß zu weit hinten, als dass ich mir eine klare Meinung hätte bilden können, doch wurde mir einmal mehr bewusst, dass es Dimensionen gibt, zu denen wir keinen Zugang haben und die uns zur Demut zwingen, einmal abgesehen von den Tricks der Scharlatane.

Je mehr ich forschte, desto mehr weiß ich heute, dass ich nichts weiß. Ich glaube aber an eine innere Wahrheit, die mit dem Intellekt nicht zu erfassen ist. Ich glaube an den Sieg des Guten über das Böse. Ich glaube an Gott und ich glaube an die Allmacht der Liebe.

Dennoch, obwohl jene philippinischen Operateure von den umstehenden Ärzten als seriös eingestuft wurden und außerdem streng gläubige Katholiken waren, fanden sie nicht den Weg in mein suchendes Herz.

Ein anderer aber wärmte es auf der Stelle: Der Engländer Tom Johanson – Spiritualist, Philosoph, Buchautor und einer der weltweit größten geistigen Heiler seiner Zeit. Ich erinnerte mich vage, ihn und seine erstaunlichen Heilungen schon einmal im Fernsehen erlebt zu haben.

Er nahm mit einer Reihe anderer Koryphäen an einem Podiumsgespräch teil und sobald er zu sprechen begann, wurde mir klar: Dort war ein Mensch mit tiefer Lebens- und Leidenserfahrung, der mich überzeugte durch seine Schlichtheit, Demut und vor allem seine Güte. Das Leiden und die Güte hatten sich auch tief in sein Gesicht eingegraben, das unter seinem weißen Haar eher einer Landschaft als einem Antlitz glich. Eine Lebenslandschaft, in deren blauen Augen man nebst tiefster Tragik und der Einsamkeit eines Pioniers auch immer wieder das jähe Aufblitzen seines ihm eigenen, schalkhaften Humors erkennen konnte. Ich war so tief berührt von seiner mitfühlenden und vor allem so wohltuend geerdeten und normalen Art, dass ich mir die Adresse seines Heilerzentrums, der SAGB (Spiritual Association of Great Britain) in London besorgte.

Nach einem weiteren schmerzensreichen Jahr, beschloss ich dann, mit meiner ebenfalls rückenleidenden Cousine Monique nach England zu fliegen. Zum ersten Mal nach zwanzig Jahren seit meinem Studium in London. Viel Hoffnung machte ich mir allerdings nicht, dass der Kontakt zustande kommen würde. Mein Brief, den ich zu schreiben plante, würde einer von etwa 500 wöchentlichen Bittbriefen von kranken Menschen sein und es war zu erwarten, dass er unbeantwortet bleiben würde, worauf man mich vorbereitet hatte. Längst hatte ich mich aber dem Fluss des Schicksals überlassen und schrieb deshalb trotzdem unbeirrt ein kurzes Briefchen mit der Bitte um einen Termin für meine Cousine und mich. An Tom Johanson, den berühmten Heiler, begehrt auch

in den USA und Australien und deshalb nur noch selten und kurzfristig in London anzutreffen.
War es ein Wunder? Am Heiligabend 1983 hielt ich, wenige Tage nach meinem Schreiben, eine Antwort von Tom Johanson in den Händen. Er hatte postwendend zurückgeschrieben und meiner Cousine und mir einen Termin für Ende Januar gegeben.
Es belustigt mich heute noch, wenn ich daran denke, was wir uns unter einem Heiler vorstellten und wie Monique morgens vor dem Kleiderschrank unseres Hotels stand und laut überlegte: „Was zieht die Hausfrau an, wenn sie zum Geistheiler geht?"
Beim Heilungszentrum am Belgrave Square angekommen, erwarteten wir mindestens eine strenge, den großen Tom Johanson abschirmende Vorzimmerdame, Wartezeit in demütiger Haltung und schließlich gnädiges Aufgefordertwerden zum Erscheinen beim berühmten Geistheiler.
Stattdessen stand an der Türe des alten Londoner Hauses, mit dem Rücken zu uns, ein älterer weißhaariger Mann in leicht gebeugter Haltung und bemühte sich umständlich, aus einem schweren Bund voller Schlüssel den richtigen zum Türschloss zu finden. Wie Petrus kam er uns vor und außer ihm schien an diesem Samstagmorgen kein Mensch dieses Haus aufzusuchen.
Als er uns hörte, drehte sich der Petrus um und vor uns stand – Tom Johanson.
„Nennt mich doch einfach Tom", meinte er bescheiden und bat uns in das noch leere Haus. Dort, in einem etwas düsteren Raum voller dunkler Holzbänke, hörte er sich mit der ihm eigenen Güte und Geduld unsere Leidensgeschichten an und legte uns alsdann die Hände auf, wobei er sich tief konzentrierte und weit weg zu sein schien.
Seine Schlichtheit beeindruckte uns so sehr, dass sich Monique mit der Frage nach weiteren Behandlungen an ihn wandte. Das Problem war nur die teure Reise und die große Entfernung, denn

unsere Kinder waren noch abhängig von unserer mütterlichen Betreuung. Tom blickte als Antwort in meine Richtung und meinte einfach: „Lassen Sie sich doch von ihr helfen, sie hat auch die Gabe des Heilens.“ Wären wir nicht allein gewesen, ich hätte hinter mich geblickt, ob jemand anders gemeint gewesen wäre! Ich konnte und wollte kaum glauben, was Tom da gesagt hatte, und gleichzeitig fühlte ich, wie ein warmes Gefühl großer Freude mein Herz zu erfüllen begann. Jetzt erinnerte ich mich auch wieder, dass Monique, die Astrologin war und mir kurz zuvor mein erstes Horoskop - für mich damals noch ein Buch mit sieben Siegeln - erstellt hatte, auf meine begierige Frage in Bezug auf die Malerei zu meiner leichten Enttäuschung und Überraschung geantwortet hatte: „Nein, ich sehe dich eher als Heilerin.“

Ich, eine Heilerin?! Ganz außer Frage stand für mich zu jeder Zeit, jemals Propaganda zu machen, eine Praxis zu eröffnen oder Patienten zu suchen. Ich wandte mich in Gedanken an Gott: „Nur wenn *Du* es wünscht und es sich deshalb von alleine ergibt, dann werde ich es tun. *Dein* Wille geschehe.“

Für mich stand ja fest, ich wollte nur noch malen.

Der Kontakt mit Monique war vorher auf seltsam verschlungenen Wegen zustande gekommen. Sie, eine halbe Japanerin, hatte meinen Cousin geheiratet und lebte am andern Ende Basels. Wir begegneten uns in etwa fünfzehn Jahren nur zweimal bei familiären Anlässen und es brauchte den Zufall, dass wir die gleiche italienische Putzfrau hatten und diese uns eines Tages Grüße ausrichtete, um uns endlich einmal persönlich zu treffen. Die Seelen von Monique und mir, sie als Astrologin und ich als Suchende im spirituellen Bereich, verschränkten sich sofort und es wurde der Beginn einer tiefen Freundschaft.

Das Erwachen

Zurück aus London und bestärkt durch Tom Johanson, begann ich meine heilsamen Atemübungen bei mir selbst durch die Handauflegung zu ergänzen und allmählich bei Gelegenheit auch auf meine besten Freundinnen, meine Kinder, Mutters Hund, unsere Katze Baghira und meine im Eisregen erfrorenen Rosen auszudehnen. Besonders die Behandlung der Tiere und ihre Reaktion darauf zeigte mir, dass es sich nicht nur um einen blinden Glauben an den Heiler handeln konnte, denn die Tiere wissen ja nicht, wie ihnen geholfen wird. Dafür spüren sie umso mehr und haben feinste Antennen, die sie unterscheiden lassen, ob sie einem Menschen vertrauen können oder nicht.

Nach wie vor hielt ich aber fest an meinem Grundsatz, mich niemals selbst offiziell zur „Heilerin" zu ernennen.

Damals lud mich eine Freundin, eine ehemalige Nachbarin, mit der ich durch Kinder, Katzen und Küche zusammengewachsen war, in ihr Chalet in den Bergen ein und bat mich beim Kaminfeuer, doch bitte auf die andere Seite zu sitzen, da sie ihren Kopf seit zwei Jahren nicht mehr nach rechts drehen könne. Ich fasste Mut und schlug ihr eine Behandlung vor, was sie experimentierfreudig akzeptierte. Erwartungsvoll blickte ich sie nachher an, doch nichts hatte sich geändert. Dasselbe am folgenden Tag und auch einige Tage später. Danach fragte ich nicht weiter. Mir war klar: auch der große Tom Johanson konnte sich irren. Ich hatte es ja gewusst, meine Zukunft lag eben doch bei der Malerei.

Etwa zwei Wochen später rief mich aber die Freundin an und berichtete mir überglücklich: „Ich weiß nicht seit wann, aber jetzt bemerkte ich, dass ich erstmals seit zwei Jahren den Kopf wieder drehen und auch meine Lieblingsschlafstellung auf dem Bauch wieder einnehmen kann!“

Dank dieser Freundin wurden mir zwei Lektionen zuteil: Nämlich die einer verblüffenden Heilung und, viel später, als ich bei einem andern Menschen dasselbe tat, die Einsicht, dass keine zwei genau gleich erscheinenden Krankheiten auf dieselbe Behandlungsart ansprechen. Diese Tatsache zwingt den Heiler nach einem Erfolg glücklicherweise alsbald wieder zu Demut und Bescheidenheit. Jeder Mensch ist ein individuell geschaffenes Geschöpf Gottes und ist, sei er körperlich oder psychisch erkrankt, nicht einfach *der* Krebspatient oder *der* Schizophrene, sondern lebt und erfährt diese Erkrankung gemäß seiner Seelenstruktur, seiner bisherigen Lebenserfahrung und auch als charakterlich unverwechselbare Person mit einer besonderen Bestimmung.

So begegne ich bei der Handauflegung also nicht etwa einer Krankheit, sondern der Würde des einzigartigen Menschen, wenn dieser mich aufsucht und sich damit dem heiligen, heilenden Geist öffnet und anvertraut.

Zu jener Zeit wurde ich gebeten, einem Zirkel beizutreten, der es sich zum Ziel gesetzt hatte, mediale und heilerische Fähigkeiten zu entwickeln. Da mir die Teilnehmer – darunter noch heute einige meiner besten Freunde – sympathisch waren, mir solide und nicht abgehoben zu sein schienen, nahm ich das Angebot an. Bald jedoch wurde mir klarer denn je, dass mein Weg mich ganz deutlich in Richtung des Heilens führte. Außerdem hatte ich erkannt, dass mir die medialen Zeichen - ich nenne sie göttliche Zeichen und Botschaften - auch so im alltäglichen Leben zuflossen, ohne dass ich sie anrief. Es galt für mich nur, meine Aufmerksamkeit einerseits zu schärfen, andererseits gelassen zu bleiben und die Signale entschlüsseln zu lernen.

Todesnähe

Signale wollte mir einmal mehr auch meine immer drängendere innere Stimme geben. Diesmal warnte sie mich vor einer Gefahr, die in meinem Körper wohnte. Trotz häufigem Kranksein hatte ich noch nie die Nähe des Todes gespürt, jetzt aber, das spürte ich, lauerte etwas Unheimliches in mir. Das Fatale war, dass mir nichts wehtat und die Berührung des Todes auf Schleichwegen kam. Gerade dies hätte mich, wie so vielen Menschen, das Leben kosten können.

Jetzt spreche ich deutlich von Fügung und göttlicher Gnade: Ausgerechnet in jenem Sommer 1986 waren zum ersten Mal alle Zeitungen voll von seitenlangen Hautkrebswarnungen. Wäre dies ein oder zwei Jahre später erfolgt, hätte ich längst mein Leben verloren.

Die Bilder und Beschreibungen, die die Zeitschriften veröffentlichten, passten haargenau auf ein kleines schwarzes Fleckchen auf meinem Oberschenkel. Trotzdem war es mir, der Schmerzgewohnten, peinlich, mit diesem lächerlichen kleinen Fleck einen Spezialisten aufzusuchen, und ich beschloss, es bei der ohnehin bald fälligen nächsten Kontrolle dem Frauenarzt zu zeigen.

„Ich glaube nicht, dass das bösartig ist“, meinte derselbe, „aber wenn Sie wollen, entfernen wir es.“ Ich wollte. Im Spital wurde nun das kleine Fleckchen herausgeschnitten und die Narbe vernäht. Sobald dies geschehen war, verspürte ich auch mein unheimliches Gefühl nicht mehr.

Zwei Wochen später empfing mich mein Arzt mit betroffener Miene: „Sie haben Glück gehabt – es war ein bösartiges Melanom – schwarzer Hautkrebs – gerade noch rechtzeitig erfasst.“ Meine innere Stimme, die Intuition oder auch mein sechster Sinn hatten mir das Leben gerettet, als ob eine geheimnisvolle, gute Macht durch sie gesprochen hätte.

Durch viele Begegnungen und Gespräche mit Krebskranken verstehe ich heute diese Krankheit auch als einen Appell des Körpers an eine Seele, die zu lange schweigend gelitten hat und nun drängend nach der Änderung einer bedrückenden oder festgefahrenen Situation schreit.

Gottes mächtige Hände

Gerade hatte ich meinen neuen Weg eingeschlagen und schon tauchte in meinem Innern wieder die Frage auf: Ist die Malerei für dich wirklich das ausschließlich Richtige mit diesem Abgesondertsein von den Menschen? Wäre sie meine Bestimmung – hätte ich, die ich als sehr begabt galt, nicht längst diesen Weg beschritten?

Unbeirrt ging ich nun aber auf dem einmal gewählten Weg weiter, bezog eine Dachkammer im Hause meiner Mutter und bereitete dort meine Ausstellungen vor. Im Sommer war die Dachkammer, welche mir als Atelier diente, brütend heiß und im Winter zog ich mir fingerlose Handschuhe über die vor Kälte klammen Hände.

Meine Ausstellungen waren erfolgreich, sodass ich es mir in den folgenden Jahren zur Gewohnheit machen konnte, jeweils elf Monate für die Familie da zu sein, zu malen und Hilfe Suchende zu betreuen, um alsdann für einen Monat um die Welt, zumeist mit Endziel Samoa, zu reisen.

Diese Reisen stellten für mich zu Anfang allerdings ein großes Problem dar, denn nach der Geburt des ersten Kindes begann ich so sehr unter Flugangst zu leiden, dass ich alle Flugreisen jahrelang mied. Die Sorge, was mit unseren kleinen Kindern geschehen würde, wenn mein Mann und ich zusammen verunglücken sollten, war so groß, dass sie uns beiden unsere erste und letzte gemeinsame Flugreise völlig verdarb und wir beschlossen, nur noch mit den Kindern zusammen Italien zu bereisen.

Inzwischen waren die Kinder größer geworden, und als meine Tante Hanny mich zur Weltreise einlud, war der Jüngste zwölf Jahre alt und die Älteste siebzehn. Die Kinder waren also groß – doch die Flugangst, einmal in mir eingenistet, blieb.

Ich gehörte zu den Leuten, die im Flugzeug unentwegt auf jedes Lämpchen und auf jedes Signal achten, angstvoll auf das Zittern der Flügel lauern und die unbeteiligte Miene der Flightattendants als routiniertes Verbergen einer ernsthaft drohenden Gefahr deuten. Ich konnte weder essen noch trinken, saß mit eisigen Händen und Füßen da und klammerte mich an die Armlehnen. Das Herz klopfte auf Hochtouren und an Schlaf war natürlich nicht zu denken, denn ich musste ja immer aufpassen. Kurz: ich litt an einer Flugphobie.

Und wie es die Ironie des Schicksals so will, wurde ausgerechnet ich von der Tante zu einer Weltreise eingeladen! Ein befreundeter Psychiatrieprofessor, der ebenfalls unter dieser Angst gelitten hatte, lieh mir dann ein diesbezügliches Buch mit einigen Tipps, die mir wenigstens über die schlimmste Panik hinweg halfen und es ermöglichten, dass ich, zwar mehr tot als lebendig, aber doch immerhin heil, die vielen weiten Flüge überstand.

In Neuseeland angekommen, empfing uns der greise, gebeugte Onkel Eddie Stehlin, der, fast neunzigjährig, immer noch seiner Arbeit an der samoanischen Botschaft nachging. Aus seinem bräunlichen, tiefzerfurchten Gesicht leuchteten uns blaue Augen von unaussprechlicher Güte entgegen. Onkel Eddie, ein frommer, tiefgläubiger Adventist, hieß uns mit Tränen der Freude willkommen und sagte:

„Ich habe jeden Tag gebetet, dass Gott euer Flugzeug in seinen mächtigen Händen halten möge."

Dieser Satz, mit einer unendlichen Liebe ausgesprochen, wurde für mich zu einem Sinnbild des Trostes nicht nur in der Luft, sondern in allen Lebenslagen, in Gefahr, Angst, Krankheit, in Trauer und Schmerz. Langsam fand ich zurück zum Urvertrauen eines kleinen Kindes. Zu einem Urvertrauen, das für mich heute über die Schwelle des Todes hinausreicht und mich auch mein Ende annehmen ließe, weil ich weiß, auch wenn ich sterbe, lässt

Gott mich nicht fallen, sondern hält mich weiter in der Geborgenheit seiner mächtigen Hände.

Dieses Sinnbild und mein wiedergefundenes Gottvertrauen wurden auch zum Urgrund meiner „Seerosenmeditation“, die ich manchmal nach Vorträgen oder in Seminaren halte. Darin lade ich die Anwesenden ein, mir bei einer stimmungsvollen musikalischen Untermalung durch einen Wald, über eine Blumenwiese zu einem Seerosenteich zu folgen, wo wir uns in dieses Urvertrauen versenken und kranke Menschen, welche nicht anwesend sein können, in eine Seerose betten, die von Gottes mächtigen Händen sicher umfangen wird. Alles uns Belastende, auch unsere Fehler und Nöte vertrauen wir in Gedanken an diesem Teich Gott an, dass er sich ihrer annehme und auch wir werden wieder zu dem kleinen, neugeborenen Menschlein, das wir einst waren, rein, frei und voller Vertrauen in unsere uns liebende Mutter, in unseren Vater – in Gott.

Pilgerin ohne Angst

Über Nacht verließ mich die Flugphobie nicht, doch schwand sie in dem Maße, wie mein Vertrauen in Gott und seinen allmächtigen Plan wuchs. Heute liebe ich das Fliegen. Weder Turbulenzen noch heftige Gewitter mit das Flugzeug umzuckenden Blitzen können mich erschüttern und ganz besonders gern spüre ich die Kraft der Maschine beim Starten.

Es folgten viele Reisen und ich besuchte vor allem Länder, in die es mich gefühlsmäßig zog, unter anderem Indien, das mich schon in frühester Jugend fasziniert hatte, ohne dass ich jedoch jemals das Bedürfnis verspürt hätte, einen Guru aufzusuchen.

Mein Guru, mein Meister, war immer bei mir – Gott. *„Fürchte dich nicht, denn ich bin mit dir“* wurde mir zur Gewissheit.

Dieses mutterseelenallein im Flugzeug irgendwohin zu reisen – ich unternahm drei der Weltreisen im Alleingang – wurde für mich zu einer Möglichkeit, die Nähe Gottes deutlicher zu spüren. Mein lebhaftes Zu Hause und mein Berufsleben ließ ich zurück und trat in einen stillen Dialog mit ihm. Gerade durch die Überwindung der Flugangst wurden die Reisen zu einer direkt beglückenden Suche nach der Abhängigkeit von der Gnade Gottes, die ich nie deutlicher spürte, als wenn ich mit nicht klar bestimmter Reiseroute zwischen etwa 300 mir unbekannten Menschen allein im Flugzeug saß. Allmählich bestieg ich alles, was sich in die Lüfte erhob, vom Propellerflieger über das Wasserflugzeug bis zum Heißluftballon und Paraglider.

Irgendwo auf der Welt unterwegs, zählten für mich auf dieser Art der spirituellen Reise nur: ich selbst, mein Koffer und die Nähe Gottes.

Es mag erstaunen, aber diese Schicksalsnähe, dieses entspannte Ausgeliefertsein an Gott im besten Sinne spürte ich am deutlichsten und auch am beglückendsten als dreimal, immer von Tahiti aus startend und Samoa erreichen wollend, mein Flugzeug ausfiel und meine Reise eine abenteuerliche Wende nahm.

Das erste Mal wurde meine Maschine der Air New Zealand auf den Fiji-Inseln aufgrund eines Putschversuches gekapert, sodass ich auf Tahiti hängen blieb, bis - so sagte man mir - vielleicht eine Extramaschine mich in einigen Tagen nach Samoa bringen würde. Da mir Tahiti zu teuer war, wich ich auf die winzige Insel Tetiaroa aus, welche früher den tahitianischen Königen als Residenz diente und die, als ich die Insel besuchte, nun dem Filmschauspieler Marlon Brando gehörte. Erst nachher erfuhr ich, dass der nette junge Mann, der mir in seiner Bürobaracke auf dem Flugplatz Faaa mein Flugticket dorthin verkaufte und mir nebenbei noch zwei Aquarelle abluchste, Marlon Brandos Sohn Teihotu war. Die Panne mit dem gekaperten Flugzeug führte mich so auf ein Stückchen letztes Paradies, wo ich einige Tage meine Gespräche mit Gott und meine Gedankengänge fortführen konnte. Die Insel war in einer Stunde zu Fuß zu umrunden, sie beherbergte nur eine Handvoll Einzelgänger und Weltenbummler, die einander in Ruhe ließen, dafür zu meiner Freude aber gegen 60 Katzen, denn Brandos Sohn war ein großer Katzenliebhaber. Diese Tage lebte ich im perfekten Einklang mit der Natur, beobachtete die bunten Fische im kristallklaren Wasser, lebte in einer Hütte, durch die nachts leise der kühlende Wind strich und pries Gottes Schöpfung mit Tränen in den Augen angesichts der überwältigend schönen Sonnenuntergänge am Horizont des unendlichen Meeres. Einmal mehr wurde mir bewusst, wie klein ich Menschlein auf dieser winzigen Insel im riesigen Südpazifik war, nur ein verschwindendes Partikelchen eines großen Ganzen und doch von Gott bestimmt wie alle meine Menschenbrüder und –schwestern, meine Aufgabe zu erfüllen auf dieser von ihm geschaffenen Erdenkugel.

Im Jahre 1994, das letzte Mal, als ich Samoa besuchte, wurde ich durch einen tragischen Umstand am Weiterflug gehindert. Die Maschine, welche ich auf den Cookinseln besteigen sollte und die zuvor von den Tongainseln gestartet war, konnte auf Samoa nicht landen, da kurz zuvor ein Mann im Fahrgestell entdeckt wurde, der das Ausfahren der Räder verhinderte. Um Treibstoff zu verbrauchen, kreiste das Flugzeug der Polynesian Air zuerst endlos über dem Flugplatz bei Apia, der Hauptstadt Samoas, und wagte dann schließlich eine Bauchlandung.
Bei diesem Flug fand der junge Mann im Fahrgestell, ein geflohener Gefängnisinsasse aus Tonga, den Tod, während die geschockten Passagiere mit dem Schrecken davonkamen. Die Maschine ging aber zu Bruch, und da die Polynesian Air nur aus einer Flotte von zwei Flugzeugen bestand und auf Samoa niemand wusste, wie man so etwas wieder reparieren sollte, mussten zuerst Spezialisten aus Neuseeland eingeflogen werden. Für mich, noch auf Tahiti, hieß das, wieder eine neue Reiseroute zu bestimmen.
Sie führte zu einer ungewöhnlichen Begegnung auf der Marquesas-Insel Hiva Oa, die etwa 2000 Km von Tahiti entfernt irgendwo im riesigen Blau des Südpazifiks als winziges Pünktchen zu erkennen ist. Dort zog es mich hin, um die Gräber des Malers Paul Gauguin und des Chansonniers Jacques Brel zu besuchen. Die Insel besaß zwei Hotels und in jedem wohnte ein einziger Tourist, ich mitgezählt.
Mit Ida, einer schwergewichtigen Eingeborenen, durchkreuzte ich im Jeep die atemberaubend schöne und wilde Insel, als sie mitten im Urwald barfüßig und abrupt auf die Bremse trat: „Der da vorne dürfte Sie als Malerin interessieren!“ Ich strengte meine Augen an, sah aber nur einen scheu lächelnden jungen Mann in einem zerlumpten T–Shirt, mit einem Buschmesser im Gürtel und einem Maulesel am Seil. So malerisch kam er mir nun doch nicht vor.

Ratlos sah ich meine Begleiterin an, was sie zu freuen schien, denn – die Spannung genussvoll auskostend – verkündete sie nun bedeutungsvoll: „C'est l'arrière grand-fils de Paul Gauguin – das ist der Urenkel von Paul Gauguin!"
Nun war mein Interesse tatsächlich geweckt und wir wechselten einige Worte mit dem scheuen jungen Mann. Ich bat, ihn fotografieren zu dürfen, was ihn eher verlegen machte, und ich stellte dabei fest, dass er mit seinem kühnen Profil und den grünen Augen tatsächlich seinem berühmten Urgroßvater auf dessen Jugendfotos glich.
Die dritte Panne ließ mich diesmal auf die Fiji-Inseln bis nach Nadi weiterkommen. Dort begab ich mich zum Transit nach Samoa, fand mich aber völlig alleine vor. Da erblickte ich einen riesigen, dunklen Fijianer mit einem wolligen schwarzen Haarschopf - offenbar ein Flughafenangestellter -, den ich auf mein Problem ansprach, was ihm aber nur ein müdes Gähnen entlockte. Achselzuckend latschte er dann aber doch mit seinen Gummisandalen an seinen Arbeitsplatz, denn ich beharrte darauf, dass die Schweizer Computer diesen Flug angezeigt hatten.
Er ließ sich jedoch nicht aus der Ruhe bringen und meinte Kaugummi kauend:
„Die Schweizer Computer gehen falsch."
Schließlich fand er dann aber immerhin heraus, dass ich am andern Ende der Insel am folgenden Tag einen Flug hätte und dort gebucht sei.
Warum die Maschine, die sonst immer einmal wöchentlich am Mittwochabend von Nadi nach Samoa startete, an diesem Tag nicht flog, war nicht in Erfahrung zu bringen und schien ihn auch nicht genügend zu interessieren.
Onkel Joe in Samoa, der mich nun schon dreimal mit dem Blütenkranz-Empfangskomitee vergeblich abholen wollte, fand es aber heraus: Die Maschine wäre schon länger reparaturbedürftig

gewesen und man hätte es seit Ewigkeiten hinausgeschoben sie zu reparieren, bis auf den Tag, an dem ich hätte fliegen sollen. Kurzfristig wurde entschieden, sie an jenem Tag aus dem Verkehr zu nehmen und instandzusetzen. Wurde uns allen, die wir damit reisen wollten, dadurch etwas Unheilvolles erspart?

Aufbruch

So schön es gewesen war bei meiner Mutter zu malen, wurde mir die Dachkammer allmählich doch zu eng, denn ich wollte mich nun dem zuwenden, was für mich die Krönung der Malerei darstellte: dem Porträt, dem Antlitz des Menschen. Deshalb setzte ich meinen Plan in die Tat um, suchte mir eine Arbeit, um mir ein geräumigeres Atelier leisten zu können und fand zu meiner großen Überraschung auch auf Anhieb eine Teilzeitstelle, die für mich im Hinblick auf später zu einem wichtigen Lernplatz wurde. Sieben Jahre lang leitete ich eine soziale Institution und war für Koordination, Teamführung und Spendenbeschaffung zuständig. Dies war am Anfang für mich so sehr Fremdgebiet, dass ich mir oft wie der Hauptmann von Köpenick vorkam. Mit den dort Hilfe Suchenden hatte ich persönlich zu meinem Leidwesen wenig zu tun. Zudem lief es durch meinen anspruchsvollen Aufgabenbereich paradoxerweise darauf hinaus, dass ich mir nun zwar finanziell ein Atelier leisten konnte, dieses aber traurig und verlassen vor sich „hinkostete" und die leeren Leinwände auf der Staffelei mich vorwurfsvoll angähnten, da mir keine Zeit zum Malen blieb. Dies war unter anderem ein Grund, der mich bewog, diese Arbeitsstelle nach fast sieben Jahren wieder aufzugeben.
Für meine allein lebende Mutter war mein Auszug nicht leicht gewesen, war es doch einst ihr Traum gewesen, selber Malerin zu werden, wenn sich auch ihre Vorstellungen von einem Künstlerleben von den meinen unterschieden. Manches Mal war sie mit einem Whiskyglas in meiner Dachkammer erschienen, was für sie in einer Enttäuschung endete, denn ich arbeitete immer nüchtern, verbissen und konzentriert, um alsdann mit meinem Fahrrad unverzüglich wieder nach Hause zu radeln und meine Familie zu bekochen. Meine Malerei bedeutete in jener Zeit nicht

nur ein Hin und Her zwischen zwei Häusern, sondern auch ein Pendeln zwischen zwei Polen des ständigen schlechten Gewissens: meiner Familie – die Kinder waren damals zwischen zehn und fünfzehn Jahre alt – und meiner Mutter gegenüber.

Ich verließ also die Kammer im Dachgeschoss meines Elternhauses und damit nahmen auch die sehr häufigen Besuche bei meiner Mutter ein Ende. Obwohl sie dies schmerzte und es mich mit neuen Schuldgefühlen belastete, unterstützte sie dabei aber meinen Aufbruch zu neuen Ufern: zu mehr Farbe, zu Porträts, zu einem Beruf und einem geräumigen Atelier. Sie zeigte damit wahre, selbstlose Größe.

Der doppelt Glückliche

In diese Zeit fiel auch eine weitere Begegnung, die viel später in meinem Leben eine entscheidende Wende bewirken sollte.
Als ich eines Tages nach Hause kam, saß mein Mann mit einem Gast im Garten. Er stellte ihn mir vor, bat mich, Kaffee zu kochen und mich zu ihnen zu setzen, da der Gast gleiche Interessen wie ich verfolge, denn er war gerade aus England zurückgekehrt und hatte dort spirituelle Heilungsgottesdienste besucht.
Der junge Mann war ausgeflippt gekleidet, hatte lange schwarze Haare, einen wilden Bart und die Glut eines Begeisterungsfähigen in seinen dunklen Augen. Beeindruckt erzählte er mir von seinen Erfahrungen mit den geistigen Heilern in England und schien seinerseits auch freudig überrascht zu sein, über dieses Thema ausgerechnet mit der Frau des Psychiatriepfarrers sprechen zu können. Er hatte Theologie studiert und war noch in keiner festen Anstellung.
Der wilde junge Mann war Hans Rudolf Felix Felix, der spätere Pfarrer der Offenen Kirche Elisabethen. Felix, das bedeutet: der Glückliche, der seinen Namen damals doppelt schrieb.
Gemeinsam träumten wir an jenem Sommernachmittag in unserem Garten den großen Traum von einer Kirche in unserer Stadt, in der Ähnliches wie in England möglich sein würde, doch mir fehlte noch der Mut dazu und ihm der feste Platz in einer Gemeinde.
Wie ein Samenkorn, das gesät wurde, schlummerte die Idee alsdann noch sieben weitere Jahre im dunklen Erdreich, bis die entsprechenden Umstände unsere Vision zum Sprießen bringen sollten.

Weichenstellung

Dazwischen lagen meine Jahre als Leiterin der sozialen Institution und ein weiterer Wendepunkt, der mich meine Scheu zu heilen überwinden ließ.

Mit: „Trix – Telefon!", rief mich mein Mann an den Apparat und erklärte: „Ich dachte zuerst, es wäre für mich, aber die Frau will *dich*!" Etwas, an das er sich noch gewöhnen sollte.

Ich nahm den Hörer und eine weibliche Stimme fragte mich ohne Umschweife: „Sind Sie die Heilerin Beatrice Anderegg?"

Ich erschrak durch Mark und Bein und wäre am liebsten in den Erdboden versunken, denn ich kannte die Frau nicht und sie war der erste Mensch, der mich als Heilerin betitelte.

Ohne eine Antwort abzuwarten fuhr die weibliche Stimme aber fort zu sprechen und erklärte: „Ich wollte gerade nach London fliegen, um mich von Tom Johanson behandeln zu lassen. Der aber sagte mir, dass ich nicht extra zu kommen brauche, denn er hätte eine Heilerin in Basel, die für ihn arbeite – eben Sie!"

Mir verschlug es zunächst abermals die Sprache vor Schreck. Wieder einmal schien das Schicksal eine Weiche gestellt zu haben! Nach einer kurzen Erholungspause entschloss ich mich aber, die Herausforderung anzunehmen, zumal es sich um eine mir mittlerweile durch unsere Klinik vertraute Problematik handelte bei dieser Frau. Sie war psychisch erkrankt.

Sie war der erste mir absolut fremde Mensch, den ich behandelte, und dabei wurde mir bewusst, dass die Handauflegung eigentlich nur eine tröstende Erweiterung dessen war, was ich seit über zwanzig Jahren schon getan hatte: Anteil nehmen, Mitgefühl schenken und eine Fürbitte mit Berührung verbinden.

Ausgezehrt

Von nun an begann das Heilen durch Handauflegung einen wichtigen Platz in meinem Leben einzunehmen. Durch Mundpropaganda wuchs der Kreis der Hilfe Suchenden und ich pendelte noch intensiver zwischen Teilzeitberuf, Malerei, Familie, dem Heilen und meiner inzwischen erblindenden Mutter hin und her.
Bald war ich dieser ruhelosen, täglichen Zerreißprobe nicht mehr gewachsen. Ich begann plötzlich abzumagern und hatte nach einem Jahr zehn Kilo verloren. Die Ärzte, ebenso wie ich selbst, standen vor einem Rätsel. Unerträgliche Übelkeit verunmöglichte mir das Essen, während mich gleichzeitig schier unstillbarer Hunger quälte. Es war wie dauernd seekrank zu sein, ohne je eine Insel zu finden, die einen erlösen würde. Bei einer Hochzeitsfeier saß ich neben einem befreundeten jungen Mann, der an extremer Colitis ulcerosa, einer schweren blutigen Darmkrankheit, litt. Während wir beide angstvoll im vorgesetzten Essen stocherten, tauschten wir unsere Erfahrungen aus. Dieser junge Mann sollte seine Existenz später so unerträglich empfinden, dass er sich das Leben nahm. Er hinterließ einen Brief mit dem Satz: *„Ich sehe kein Land mehr."* Jahre später in meinem Leben bin ich allerdings Menschen begegnet, die von dieser Krankheit - meist durch eine radikale Umstellung ihrer bisherigen Lebensverhältnisse - geheilt worden sind.
Wieder wurde ich durchgecheckt, doch weder Spiegelungen noch Biopsien ließen die Ärzte irgendwelche Schlüsse ziehen. Bald sah ich aus wie eine an Anorexie (Magersucht) Erkrankte und konnte mich vor Schwindel und Schwäche kaum noch auf den Beinen halten, sodass ich mich für drei Wochen in eine Naturheilklinik begab, um mich diversen alternativen Heilverfahren

anzuvertrauen. Doch wie bei der schulmedizinischen Betreuung wurde auch damit kein Erfolg erzielt und mein Zustand wurde so desolat, dass ich vor Auszehrung und Schwäche kaum mehr aufstehen konnte. Ich lag auf meinem Bett und kam mir vor wie auf einem Strom, der mich wegtragen würde......weit weg......so müsste ein sanfter Tod sein......ein Hinüberschlafen......sicher leichter zu ertragen als dieser Kampf um meine Kräfte, diese Übelkeit, die mir allmählich den Lebenswillen raubte, diese Auszehrung und dieser ewige Hunger, ohne die Nahrung vertragen zu können......

Ich weiß nicht, was es war, das mich der Versuchung widerstehen ließ, mich einfach dem Tod zu überlassen: Ohne Dramatik mit der Strömung einfach sanft hinüberzugleiten in die unbekannten Gefilde des Jenseits. Ich war des Kampfes unendlich müde und zugleich von einem tiefen Glücksgefühl und Vertrauen erfüllt. Einfach vor Schwäche einzuschlafen müsste sein wie ein Nachhausekommen.

Als der Arzt mich so sah, erschrak er sichtbar und riet mir, nun da die in der Kurklinik angebotene Vollwertkost meine Beschwerden nur noch zu verschlimmern schien, nach Hause zurückzukehren.

Zu schwach, um lange zu stehen, wartete ich sitzend in einem Korbstuhl im Eingang der Klinik auf meine Rechnung, als mein Blick auf einen Stapel abgegriffener, im Preis reduzierter Bücher fiel. Zuoberst lag das Buch „Allergien gegen Nahrungsmittel und Chemikalien“[6] von Dr. Richard Mackarness, einem englischen Pionier auf diesem Gebiet.

Ich blätterte darin und je mehr ich las, desto deutlicher erschien es mir geradezu wie eine Offenbarung und auch eine Bestätigung dessen, was ich schon geahnt hatte, das aber alle anzweifelten, wo immer ich es erwähnte: Mein Körper hatte jahrelang seine Nahrungsmittelunverträglichkeit getarnt und war nun dieser

andauernden Anstrengung erlegen. Genetisch belastet – meine Mutter litt als Kind an Neurodermitis – wurde ich als Atopikerin geboren und viele Faktoren zusammen hatten nun zum Ausbruch extremer Nahrungsmittelallergien geführt. Es sollte eine weitere wichtige Lektion für mich werden: gesunde Ernährung. Und nicht nur dies: individuell allergieangepasste Nahrung.
Zurück in Basel kaufte ich mir sämtliche Bücher zu diesem Thema, die damals allerdings sehr rar waren. Engländer und Amerikaner schienen Pioniere auf dem Gebiet zu sein, doch auch die Literatur der davon selber betroffenen und darum so verständnisvollen deutschen Ärztin Dr. Anne Calatin und schließlich die Immun- oder Rotationsdiät [7] waren mir eine große Hilfe bei meiner „Forschungsarbeit". In der Schweiz wurde ich zu jenem Zeitpunkt Anfang der 90er Jahre deswegen noch belächelt, für mich aber begann ein Wettlesen mit der Zeit. Wie ein Detektiv begann ich nun sämtliche Nahrungsmittel, Gewürze, Tees und Kräuter durchzutesten, wurde davon häufig krank, eliminierte die „Bösewichter" und wurde langsam und stetig belohnt. Es ging mir besser und besser. Ich nahm zu und erreichte schließlich, Monate, Jahre später, mein altes Gewicht wieder und alles nur, weil ich auf die Bedürfnisse und Abneigungen meines Körpers zu hören gelernt hatte.
Noch heute bin ich in einem ständigen Dialog mit meinem Körper, esse was für ihn bekömmlich ist und meide konsequent das, was ihm schadet. Es war paradox: Wollte mir zu Anfang niemand glauben, wenn ich auf den Einfluss der Ernährung auf den Körper *und* die Psyche hinwies, rauschte wenige Jahre später die neu entdeckte frohe Kunde von der gesunden Ernährung durch den Blätter- und Medienwald und dies mit ziemlich ähnlichem Ergebnis, zu dem mich die Sprache meines erkrankten Körpers geführt hatte. Bereits Hippokrates erkannte ja: *„Lasst unsere Nahrung Medizin sein."*

Früher lernte ich schon, die Bewegungsabläufe meines Körpers zu kontrollieren und zu ändern und jetzt kam es durch die zusätzliche, radikale Ernährungsumstellung direkt zu einem kleinen Wunder: Nicht nur mein Gewicht normalisierte sich, auch der Schwindel, der Tinnitus, die Übelkeit und sogar meine jahrzehntelangen schweren Rücken- und Gelenkbeschwerden verschwanden. Das Schönste aber, das ich nicht mehr missen wollen würde: ich wurde klar im Denken wie noch nie im Leben zuvor und eine unbeschreibliche Vitalität und Freude erfüllten mich.
Da ich keine Ernährungswissenschaftlerin bin und bereits betonte, dass es sich bei mir um eine individuelle, durch Esstests und Beobachtung meines Körpers sehr persönlich entwickelte Diät handelt, möchte ich hier auch nicht näher darauf eingehen. Wie ich auch bei der geistigen Heilung schon erfahren hatte: kein Stoffwechsel ist wie der andere, jeder Körper und alle Erbanlagen sind etwas Besonderes, bei jedem Menschen anders gestaltet und deshalb muss, falls eine Allergiebereitschaft (Atopie) besteht, jeder Erkrankte individuell getestet und beraten werden.

Gott ist in den Schwachen mächtig

Diese schwere Krankheitsphase aber ließ zwei Beziehungen wieder aufleben und veränderte mein ganzes späteres Leben. Außerdem retteten mich meine Allergien später ein weiteres Mal auf Umwegen vor dem Tode.

Zum einen wurde ich zu Tom Johanson zurückgeführt und durch die nun häufigen persönlichen Begegnungen entstand eine tiefe Freundschaft. Sie kam dadurch zustande, dass mich die verzweifelte Mutter einer schwer an Anorexie (Magersucht) Erkrankten um Hilfe rief. Zu jenem Zeitpunkt noch selber ausgezehrt und schwach, mutete ich mir dies nicht zu und führte die junge Kranke einige Male zu Tom, wenn er gerade Seminare in der Gegend abhielt.

Als er aber zurück nach London reisen musste, übernahm ich die Betreuung des Mädchens. Sie war auf 32 Kilo abgemagert bei einer Größe von 1.70 Meter und es drohte ihr von ärztlicher Seite die Einweisung in ein Spital, um ihr Leben zu retten, was sie starrsinnig verweigerte. Ich besuchte sie mehrere Male und legte ihr die Hände auf, wobei wir aber keine therapeutischen Gespräche führten, denn sie wurde von einer Psychologin betreut. Vermutlich vermittelte ich ihr aber durch mein eigenes erbärmliches Aussehen und den Kampf gegen meine eigene Krankheit wortloses Verständnis.

Entgegen der allgemeinen Auffassung zeigte sich auch hier, dass Gott in den Schwachen mächtig sein kann, oder wie C.G. Jung es formulierte: *„Nur der Verwundete heilt."* [8]

Das kranke Mädchen bereitete uns beiden jeweils zu Anfang einen heißen Tee zu, um unsere eisigen Finger zu wärmen, da in uns die Lebensglut erloschen zu sein schien. Es tat ihr gut, bei unserem kurzen Gedankenaustausch zu spüren, dass ich sie nicht verurteilte und aus tiefstem Herzen verstand in ihrem Kampf um das Essen, wenn wir auch mit umgekehrten Vorzeichen erkrankt waren: Sie *wollte* – oder von ihrem Zwang aus gesehen, *durfte* – nicht essen und ich *konnte* es nicht.

Während dieser Zeit meiner Besuche bei ihr veränderte sich auch die seit Jahren gespannte Lage im Elternhaus der jungen Kranken, ohne dass ich einen Einfluss darauf genommen hätte. Es war, als ob ein seit Jahren verborgenes eiterndes Geschwür aufgeplatzt wäre und endlich die damit verbundenen Menschen zur Handlung und Heilung gezwungen hatte.

Und es war wie ein Wunder: Das Mädchen fing wieder an zu essen und nahm, ohne Spitaleinweisung, in einem halben Jahr 22 Kilo zu, wofür man ihr von ärztlicher Seite noch ein zusätzliches Jahr gegeben hätte, falls sie überhaupt ihre Krankheit überleben würde.

Einmal mehr wurde mir bewusst, dass nicht ich, dieser oder jener heilt, sondern Gott durch uns alle wirkt und er uns miteinander verweben will zu einem einzigen heilenden Ganzen. Er wirkte durch mich, indem er mich Mitgefühl und einen urteilsfreien, verständnisvollen Geist in jenes Haus tragen ließ, aber auch durch die Liebe der Mutter, die ihr Kind nicht aufgab. Er ließ die stagnierte Situation im Elternhaus der Kranken in Bewegung geraten und er wirkte auch durch die Psychologin und die Ärzte mit ihrem Fachwissen. Vor allem aber durch das Mädchen selbst und ihren ungebrochenen heilen und selbstheilenden inneren Kern, der sie ihre schwere Krankheit besiegen ließ.

Hatte ich zu Anfang bei der Handauflegung das Gefühl, bei diesem Mädchen einen Eisblock ohne Innenleben zu berühren, so bemerkte ich nach einiger Zeit ein Erwachen, ein Aufstehen, ein zuerst Hinter-mir, dann Neben- und schließlich ein *selbst-ständiges* Vor-mir-Hergehen des Mädchens.

Sie hat inzwischen ihr Abitur gemacht, ein Studium abgeschlossen und ist von ihrer Krankheit befreit.
Auch hier, wie bei jedem Wunder, glaube ich an ein geheimnisvolles Zusammenwirken vieler Kräfte und vieler Umstände. Ein starres Gefüge war bewegt worden und dadurch hatte sich etwas in der Kranken gelöst. Wer oder was das Instrument war, das diese Bewegung auslöste, bleibt letztlich ein Geheimnis Gottes. Uns bleibt nur zu danken, dass der Leidenden geholfen wurde, und das sollte auch das Hauptanliegen eines jeden Heilenden sein.

Karfreitag

Eine andere Beziehung, die sich durch mein Leiden vertiefte, war diejenige zu Jesus Christus. Zum zweiten Male innerhalb weniger Jahre fühlte ich mich dem Sterben nahe und gerade dieser Leidensweg war es, der mich lehrte, mich in Jesus Christus einzufühlen. Ich lernte ihn aus tiefster Seele zu verstehen - als gequälten Gottessohn, als begnadeten Menschenführer und als Vorbild für uns alle in seiner Lebenshaltung, in seinem Kampf um den Glauben und um das Vertrauen in Gott auch in seinem tiefsten Schmerz.

„Ich bin klein, mein Herz ist rein, darf niemand drin wohnen, als Jesus allein."

Dieses Gebet lehrten mich meine Eltern als kleines Kind zu beten. Später im Leben verlor sich dieses Heilandbild. Ich konnte es nicht vereinbaren mit dem, was mir auf einseitige und furchtbetonte Erwachsenenart gepredigt wurde, zumal dieser Jesus der Sohn eines eifersüchtigen, zornigen und strafenden Gottes sein sollte.

Es war geheimnisvoll, wie ausgerechnet während jener Krankheit, die meine Körperkraft schwinden ließ, Jesus, der Heiland meiner Kindheit, wieder in mein Herz hineinwuchs. Irgendwann, ganz still und leise, begann mich der Christusgeist zu erfüllen und hat mich seither nicht mehr verlassen.

Bewusst erinnere ich mich nur noch an die Tage vor der Magenspiegelung. Lange hatte ich mich gewehrt dagegen, bis mein Arzt sich, sehr taktvoll zwar, aber doch deutlich genug erkundigte, wie lange es denn seit meinem Hautkrebs her sei. Ich wusste, welche Zusammenhänge er vermutete und willigte endlich in eine Magenspiegelung mit Biopsie ein. Diese wurde auf

Osterdienstag anberaumt und die Tage davor verbrachte ich in großer Angst. Würde er Magenkrebs entdecken?
Heute wäre ich gelassener, doch damals ahnte ich wohl, dass es auf dieser Erde Aufgaben gab, die ich noch nicht erfüllt hatte. Würde es zu spät sein? Hatte ich meine Chancen nicht rechtzeitig wahrgenommen? Ich hatte das Gefühl, noch nichts Wesentliches geleistet, mir dieses Erdendasein noch nicht verdient und Dinge, deren Existenz ich erahnte, noch nicht erlebt zu haben.
Um mich zu beruhigen, begab ich mich am Karfreitag in mein Atelier und malte ein Christusbild. Nicht Christus, den Gekreuzigten, sondern den Christus in mir, den unter dem schweren Kreuz Zusammenbrechenden, den Ausgemergelten, Zweifelnden, der bald in seiner Not am Kreuz schreien würde:

„Mein Gott, mein Gott, warum hast du mich verlassen?“

Christus, den so sehr menschlichen in seiner anklagenden, qualvollen Frage an Gott. Christus, der uns auch gerade deshalb so nahe und ein tiefer Trost ist.
Emil Nolde, der große expressionistische Maler, sagte einmal, dass er es liebe, wenn seine Bilder so aussähen, als hätten sie sich selber gemalt.
Mein Christusbild malte sich in kurzer Zeit und zeigte einen abgemagerten Christus wie mich selbst während jener Krankheit. Mit spitzen Knochen, in düsteren Farben – jedoch mit einem aufwärts gerichteten Blick und einem Lichtschein auf seinem Antlitz. Hatte das Bild ihn, hatte es mich, hatte es alle unter ihrem Leidenskreuz Zusammenbrechenden dieser Welt gemalt?
„Karfreitag“ nannte ich es, denn an diesem Tag, auch dem Todestag meines Vaters, hatte ich es gemalt.
Dieses Bildes wegen ließ ich später eine viel versprechende Ausstellung platzen. Ein damals erfolgreicher Galerist war an

meinen später folgenden vollfarbigen, dynamischen Bildern interessiert, weigerte sich aber, dieses Christusbild auszustellen. Für mich wäre es jedoch wie ein Verrat gewesen, an meiner Seele und an der Dankbarkeit für meine langsam einsetzende Gesundung, dieses Bild zu übergehen. Ich machte zur Bedingung, dass es in die Ausstellung einbezogen würde.
„Dieses Bild passt nicht in mein Programm – und außerdem kauft so was keiner", so konterte der Galerist. Beide blieben wir hart und als Folge kündigte er mir brieflich über Nacht die Ausstellung. Ich wurde „fristlos entlassen".
Eine andere Galerie hingegen war kurz darauf großzügiger und stellte meine Christusbilder aus. Der Karfreitags–Christus berührte die Besucher am tiefsten und hätte sich gleich dreimal verkaufen lassen. Das Bild befindet sich heute im Therapiezentrum von Hildegard Huber in Mumpf in der Nähe von Rheinfelden.
Nachdem ich das Karfreitagsbild gemalt hatte, erwachte in mir aber das dringende Bedürfnis, diesem dunklen Bild noch vor meiner Magenspiegelung etwas Positives entgegenzusetzen, und ich malte zwei Tage später ein Osterbild – „Auferstehung" nannte ich es. Ich weiß nicht, woher ich die Kraft nahm, denn ich konnte mich während des Malens vor Schwäche kaum auf den Beinen halten. Dadurch war ich gezwungen, auch dieses Bild schnell zu malen: Einen Christus, der in einer Flut hellen Lichts zum Himmel aufstrebt, weg von den Kreuzen, die leer und schemenhaft im Dunkel zurückbleiben, in unserem Jammertal. Dabei war es mir wichtig, auch die beiden Kreuznachbarn Christi nicht zurückzulassen, denn ich glaube wie Jesus, der zu einem der beiden sprach: „Heute wirst du mit mir im Paradies sein."

Die Stimme in mir

Die Magenspiegelung blieb ohne aufklärendes Ergebnis und auch die diversen nachfolgenden Untersuchungen entschlüsselten das Rätsel nicht.
Um noch ganz auszuschließen, dass es sich nicht um eine Sprue tropischer oder einheimischer Art handelte und auch nicht um Darmkrebs, unterzog ich mich noch zusätzlicher Untersuchungen. Wie gehabt, kein Befund, dafür immer größere Ratlosigkeit. Fest blickte ich meinem Arzt in die Augen: „Herr Doktor, was habe ich denn?“ Ebenso langsam und betont antwortete er: „Ich habe keine Ahnung.“ Er war am Ende seiner schulmedizinischen Weisheit angelangt und hatte die Größe, sich selbst und auch mir dies einzugestehen. Er schenkte so seiner Patientin wieder die Freiheit in einer anderen Richtung weiterzusuchen. Er hatte, wie er sagte, mir meine Krankheit angesehen und auch geglaubt, mich ernst genommen und alles versucht, was in seiner Macht stand, um mir zu helfen.
Das Rätsel um meine Krankheit, die unbeantwortete Frage, die bestehen blieb, hatte für mich auch allgemeinen Symbolgehalt. Ich lernte den menschlichen Drang, alles wissen, benennen, beweisen und erklären zu wollen, beherrschen und verlegte nun den Schwerpunkt auf das Annehmen des Unabänderlichen, auf ein Lebenkönnen mit Unerklärlichem und darauf, mich über kleine Fortschritte und Tage des Lichts zu freuen. Wenn da nicht diese kleine Stimme, dieses Warnlicht, dieses Gefühl in mir gewesen wäre.........
Vorerst aber war mein Forschergeist noch ungebremst oder er sollte es noch sein, denn offenbar wurde ich doch noch gebraucht auf dieser Welt.

Mein ursprünglicher Hang zum Analysieren, Benennen und Wissen ließ mich eines Tages eine junge Allergologin aufsuchen, die mir von einer Freundin empfohlen worden war und aufgrund ihres Aussehens „Schneewittchen“ genannt wurde. Durch Prick-Tests auf meiner Haut wollte ich doch noch in den Besitz eines klaren Beweises gelangen und als „Patientin mit Befund“ allgemein ernst genommen werden. Dies rettete mir noch einmal das Leben, allerdings aus ganz anderen Gründen. Dafür genügt manchmal eine kleine Zeitverschiebung von ein paar Minuten.
Seit meinem Hautkrebs mehr als zehn Jahre zuvor hatte ich mich brav und regelmäßig bei einem Dermatologen eingefunden und meine Haut auf weitere Anzeichen untersuchen lassen.
Als es für alle sichtbar war, dass es mir deutlich besser ging und ich mich eigentlich hätte freuen können, blinkte jedoch dieses Warnlicht in mir auf - wie eine kleine Stimme in mir. Mein Gefühl bedeutete mir, dass ich wieder in Gefahr war.
Irgendwann bemerkte ich dann auf der Narbe des entfernten Melanoms ein winziges, hellbraunes Fleckchen.
„Nein, wo denken Sie hin, da können Sie ganz beruhigt sein – nur in ganz, ganz seltenen Fällen entsteht an dieser Stelle noch einmal ein Krebs!“, wurde ich Jahr für Jahr vom dermatologischen Facharzt vertröstet. Dies hörte ich zwar gerne, doch mein Gefühl sagte etwas anderes und ich begann das wirklich lächerlich kleine Fleckchen, das zudem so ganz anders aussah als das bösartige Melanom, sämtlichen anderen Ärzten bei Routinekontrollen auch noch zu zeigen: „Nein, da bin ich einig mit dem Herrn Kollega, das ist wirklich harmlos“, hieß es dann jeweils.
Das Warnlicht glühte dennoch weiter und erneut stand ich vor einem Rätsel: Was war es, das dieses unheimliche Gefühl in mir auslöste?

Durch meinen ungebrochenen, ja allmählich trotzigen Forschertrieb entschlüsselte sich dieses Geheimnis eines Tages wie von selbst, obwohl ich es da ja gar nicht angestrebt hatte.
Bei der jungen Allergologin ergab sich wegen einer anderen Patientin und dem Warten auf juckende Pusteln auf meinem geprickten Arm eine Zeitverschiebung. Zuvor hatte ich auf einem Schild gesehen, dass die Ärztin nicht nur Allergologin, sondern auch Dermatologin war. Die Zeitlücke und mein Hang, solche Pausen sinnvoll zu füllen, retteten mir nun ein weiteres Mal mein Leben. Ich bat „Schneewittchen", doch bitte einen raschen Blick auf meinen Fleck zu werfen. Zwar murmelte auch sie zuerst etwas von „Einig–sein–mit–dem–Herrn–Kollegen", inspizierte den Fleck dann aber doch genauer, maß die Narbe aus und rief mich, gerade als ich gehen wollte, später noch einmal zurück: „Wir sollten es aufgrund meiner Messungen doch beobachten." Letztere Begründung verstand ich zwar noch nicht, doch war für mich sofort klar: ein Beobachten konnte nur bedeuten, dass sich die Ärztin nicht ganz sicher war. Auf der Stelle und uns einig beschlossen wir, nicht mehr abzuwarten und das Fleckchen bei nächster Gelegenheit zu entfernen.
Zwei Wochen später konnte ich das Resultat der Analyse entgegennehmen. Ernst blickte mich die junge Ärztin an:
„Sie haben mit einer Zeitbombe gelebt. Es war ein bösartiges Rezidiv des Krebses."
Nun erklärte sie mir auch, warum sie aufgrund ihrer Messungen Verdacht geschöpft hatte. Wäre das „harmlose" Fleckchen in der Mitte der Narbe entstanden, könnte man, da dort das Melanom samt Umfeld tief herausgeschnitten war, ein Rezidiv ausschließen. Seitlich jedoch können noch einige Krebszellen zurückbleiben, die normalerweise degenerieren oder vom Immunsystem überwältigt werden. In den erwähnten „ganz, ganz seltenen Fällen" aber nicht. Ich war so ein Fall.

Gott schenkte mir durch diese aufmerksame Ärztin noch einmal das Leben. Diesmal war *sie* sein Instrument gewesen. Er hatte uns durch die Zeitlücke von einigen Minuten die Gelegenheit dazu geschenkt. Ich verriet der Ärztin daraufhin meine Tätigkeit als Heilerin, schickte ihr später auch Patienten und erzählte die Geschichte von der kleinen Stimme in mir und meinem unheimlichen „Gefühl", das alsbald verschwunden war, nachdem sie mich operiert hatte.

Das nächste Mal fragte mich die Frau Doktor bereits *vor* der regelmäßigen Kontrolle: „Und – was haben Sie für ein Gefühl?"

Ein Engel spielt Geige

Meine lange Krankheit hatte mich so sehr geschwächt, dass ich der zunehmend anspruchsvoller werdenden Leitung der sozialen Institution nicht mehr gewachsen und gezwungen war, diese Arbeit aufzugeben. Es war, so dachte ich, außerdem der Zeitpunkt gekommen, um jetzt endlich „nur noch zu malen“ und mich auch meiner inzwischen fast erblindeten Mutter vermehrt zu widmen.
Der Entscheid fiel mir nicht leicht, denn ich hatte gerne mit und für Menschen gearbeitet und würde nun nur noch einen Dialog mit stummen Leinwänden führen können. Kaum hatte ich die Stelle gekündigt, vermisste ich sie auch schon.
Um mich in meiner Wehmut etwas aufzuheitern, gönnte ich mir, wenige Tage nach meinem letzten Arbeitstag, ein Konzert:
Angelo Branduardi, der italienische Pop–Geiger mit der klassischen Ausbildung, spielte in der Elisabethenkirche.
Ich begab mich dorthin und Angelo – der geigenspielende Engel – ließ, wie ein mittlerweile ergrauter Struwwelpeter, sein Instrument erklingen, zu dessen Musik er hüpfte und tanzte wie vor zwanzig Jahren schon. Die Abendsonne ging hinter den Kirchenfenstern unter und ließ bunte Lichter über die dunklen Bänke huschen wie Glühwürmchen in einer Sommernacht. Eines dieser Lichtlein muss wohl auch meine Seele erfasst haben, denn innert eines Augenblicks wurde meine Vision vom Heilen in Kirchen wieder geweckt. Ich hörte den Engel – den Angelo – nicht mehr spielen, dafür sah ich Pfarrer Felix Felix, nunmehr domestiziert mit kurzem Haar, aber doch noch mit einem langen bunten Schal und einem Ohrring an mir vorübergehen.
„Felix“, rief ich, „Ich habe eine Idee!“
Und knapp und eilig wie meistens antwortete er:
„Ruf morgen an!“

Weg war er und ich tat am nächsten Tag wie geheißen.
Es zeigte sich dann, dass meine Idee vom Heilen und Handauflegen in einer Kirche bereit gewesen war gepflückt zu werden, denn innert wenigen Tagen gelangten noch zwei weitere Heilerinnen an Pfarrer Felix. Wie ein feines Fluidum des Zeitgeistes strömte diese Vision von Mensch zu Mensch und führte uns jetzt zueinander um diese Aufgabe zu erfüllen. Pfarrer Hans Rudolf Felix Felix hatte die jahrelang leer stehende Kirche kurz zuvor übernommen, sie zur offenen City–Kirche gemacht und mit Außergewöhnlichem wie Schöpfungsfeiern mit Segnung für Tiere, der Lesbischen und Schwulen Basiskirche und mit Benefiz–Discos oder Zirkusveranstaltungen von sich reden gemacht. Er trug noch immer die Begeisterungsfähigkeit, die damals schon in seinen Augen brannte, in sich, doch vor allem den Pioniergeist und den Mut, so etwas wie spirituelle Heilung mit Handauflegung in seiner Kirche anzubieten. Etwas, das mit großer Wahrscheinlichkeit nicht jedem genehm sein würde, ja sogar die Möglichkeit in sich trug, einen Kirchenskandal zu entfachen.
Während eines Jahres bereiteten wir unser Projekt sorgfältig vor und stützten uns dabei hauptsächlich auf das uns bekannte Vorbild der anglikanischen Kirche. Auch die Bezeichnung „Heiler“ übernahmen wir mutig und nach langen Überlegungen aus der englischen Tradition. Wir entschlossen uns zu dem Versuch, durch unsere Taten und unsere Seriosität das Vertrauen der Menschen zu gewinnen und die Möglichkeiten, aber auch Grenzen des „Heilens“ so lange zu erklären, bis diese Bezeichnung niemandem mehr suspekt sein würde. Den Namen „Heiler“, im Englischen „Healer“, übernahmen wir vor allem, weil uns nach langen Diskussionen keine bessere Bezeichnung einfiel und wir sowohl „Handlauflegerin“, „Gesundbeterin“, wie auch „Genesungshelferin“ verworfen hatten.

Von Bedeutung schien uns auch zu sein, dass sich ein Kreis von gleichgesinnten Heilern zu einem Team zusammenschließen würde, denn wir wollten einem Personenkult vorbeugen. Selbstverständlich war für uns auch, dass wir unseren Dienst am Nächsten ehrenamtlich anbieten würden, so wie es die meisten der rund hundert Mitarbeiter der Elisabethenkirche tun. Diagnose-Stellen oder gar Hellsehen ist bei unserer Arbeit klar tabu und deutlich betonen wir auch, dass unser Heilungsdienst niemals den Arzt ersetzt, sondern ihn ergänzen soll zu einem einzigen – Geist, Körper und Seele erfassenden – heilenden Ganzen.

Wie ein Wunder erscheint mir heute zurückblickend, dass ich mich während dieses Vorbereitungsjahres auf die erste Heilungsfeier selber erholte. Es war, als ob meine Leidens- und Lebenswege zwingend zur Grundlage meiner zukünftigen Aufgabe gehört hätten und etwas sich jetzt erfüllte. Gott hatte mich durch Leid und Krankheit so weit vorbereitet, dass ich die Hilfe Suchenden verstehen und erkennen konnte, dass über allem Geschehen ein diviner Plan waltet, dass ein Ziel für jeden Menschen bestimmt ist, ein Sinn, den es in seinem Leben zu finden gilt. Dieser weise göttliche Plan aber bedeutet nicht, dass wir uns in einen passiven Fatalismus fallen lassen dürfen, sondern dass jeder Mensch das ihm auf seine irdische Weise Möglichste tun sollte, nicht nur seine ethische Haltung andern gegenüber zu pflegen, sondern auch für seinen Körper, dem Tempel seiner Seele, aktiv Sorge zu tragen. Durch gesunde Ernährung, durch Bewegung und durch innere und äußere Pflege. Es genügt also nicht, vom Arzt oder vom Heiler zu erwarten, dass er uns „gesund macht“. Mitarbeit, oder noch besser, Vorbeugung ist erforderlich. Gesundwerden ist Schwerarbeit, so formulierte es einmal ein Kranker. Von uns Erdenbürgern wird die uns *menschenmögliche* Feinarbeit erwartet, für den großen Plan und die Wunder ist Gott zuständig.

Manchmal aber bedient er sich eines helfenden Menschen, um seine Werke sichtbar werden zu lassen. Das Tröstliche an dieser Erkenntnis ist, dass wir, wenn wir denken, nichts unterlassen zu haben und wir wirklich nicht mehr weiter wissen, uns in aller Schwäche Gott im Gebet anvertrauen dürfen oder den Händen eines in seinem Namen Heilenden überlassen können. Wir dürfen sicher sein, dass wir erhört werden, wenn es auch in Gottes weisem Ratschluss liegt, ob, wann und auf welche Weise uns geholfen werden wird.

Heilungsfeier in der Elisabethenkirche

Als einfache besinnliche Feier kündigten wir unseren ersten Segnungsgottesdienst mit Handauflegung an. Ganz klein gedruckt im Veranstaltungskalender des Kirchenboten. Ansonsten verzichteten wir bewusst auf jegliche Reklame.
Dem Kirchenratspräsidenten, Pfarrer Dr. Georg Vischer, der uns wohlgesinnt zu sein schien und unserem Angebot offen gegenüberstand, hatte ich schriftlich und ehrlich mein Credo, meinen Weg und meine Motivation zum Heilen geschildert und darin betont: *„Indem ich die Zusammenhänge zwischen den Ereignissen meines Lebens und die göttlichen Fügungen erkannte – führte es zu meinem tiefen Glauben und meinem errungenen Gottvertrauen oder wiedergefundenen und durch Gnade geschenkten Urvertrauen. Daraus schöpfe ich die Kraft für meine Form der Zuwendung an Leidende im Sinne von Jesus Christus."*
Pfarrer Vischer antwortete mir freundlich, rief aber noch einmal vorsichtig mahnend in Erinnerung: *„Wir sind in unserer Kirche an das Bekenntnis zu Jesus Christus gebunden. Das ist es, was uns zusammenhält. Wir müssen deshalb auch nach außen hin immer wieder deutlich machen, dass wir auf keine andere Geisteskraft bauen als auf die, die von dem Gott ausgeht, den Jesus uns Vater nennen lehrt."*

Mit diesen Worten hatte er mir aus der Seele gesprochen und ließ mich überzeugt und von Frieden erfüllt an der ersten Heilungsfeier unserer Kirche teilnehmen, die bis heute unverändert schlicht geblieben ist. Bibeltexte, Gebete und Fürbitten zum Thema Krankheit und Heilung wurden gesprochen und Musiker beschenkten uns mit ihren Melodien.

Danach stellte uns Pfarrer Felix Felix den Besuchern dieses Gottesdienstes mit unseren Vornamen vor und betonte: „Diese Heilerinnen sind sich bewusst, dass nicht *sie* heilen können, sondern nur Gott allein. Gott, der Einzige, der bestimmt, wie, ob und wann Heilung durch die Zuwendung der Heilerinnen, die sich lediglich als *Instrumente* der göttlichen Heilkraft verstehen, erfolgt.“
Anschließend salbte uns Pfarrer Felix zum Zeichen unseres Auftrages und bat danach auch die Besucher zur Salbung nach vorne zu kommen, um sich dann von einer der Heilerinnen, die sich nun auf der Seite der Kirchenbänke hingesetzt hatten, die Hände auflegen zu lassen.
Betont wurde dabei aber die Entscheidungsfreiheit der Besucher. Jeder war eingeladen, selber zu bestimmen, ob er zuerst zur Salbung und dann zur Handauflegung kommen wollte oder nur eines von beiden Angeboten in Anspruch zu nehmen wünschte. Stand ihm der Sinn mehr nach stillem Sitzenbleiben um die Stimmung auf sich wirken zu lassen, so wurde er auch dazu herzlich eingeladen und in seinem Entscheid verstanden. Den Heilungsabend ließen wir offen ausklingen und jeder Besucher ging dann nach Hause, als es für sein Gefühl stimmig war.
Zu dieser Geburtsstunde unserer Vision vom Heilen in der Kirche am 5. September 1995 fanden sich etwa dreißig Menschen ein. Heute, bald neun Jahre danach, sind es oft weit mehr als hundert Heil- und Heilungssuchende aus dem In- und Ausland, die sich in andächtiger Stimmung salben und die Hände auflegen lassen und uns so ihr tiefes Vertrauen erweisen.
Es dauerte nicht lange, bis zwei weitere Pfarrer mich um Mithilfe bei der Vorbereitung eines solchen Angebotes in den Kantonen Zürich und Bern baten und so unserem Basler Beispiel folgten. Auch dort werden nun bereits seit einigen Jahren Hilfe suchende Menschen von erfahrenen Heilern liebevoll empfangen.

Handauflegen und Gespräch

Nach der ersten Heilungsfeier warteten wir nun gespannt auf den zweiten Teil unseres Projektes, die Donnerstagnachmittage, an denen wir von 14 – 18 Uhr die Hände auflegen und die Gelegenheit zur Aussprache anbieten würden: „Handauflegen und Gespräch."

Sind bei den Heilungsfeiern jeweils seitlich in der Kirche zwei sich gegenüberstehende Stühle aufgestellt, wo die Heilerinnen die Menschen empfangen und ihnen während einiger Minuten die Hände auflegen, so spielt sich diese Zuwendung am Donnerstag hinter diskreten Wandschirmen und in der Sakristei ab. Zuvor dürfen die Hilfe suchenden Gäste von den helfenden Präsenzdiensthabenden eine kleine Nummer entgegennehmen, die sie dann zu einer Heilerin führt, die gerade frei ist. Am Donnerstag haben wir auch immer ungefähr eine halbe Stunde Zeit, um in Ruhe ein Gespräch zu führen und mit der Handauflegung abzurunden. Leise Musik erfüllt dabei den Kirchenraum und begleitet diesen Vorgang, während die ungefähr dreißig bis vierzig Hilfe Suchenden in den Bänken warten, bis sie an die Reihe kommen.

An jenem allerersten Donnerstag vor sieben Jahren jedoch tappten wir, etwas bange im Herzen, noch vollkommen im Dunkeln, unsicher, ob sich überhaupt jemand zu uns wagen würde. Sicherheitshalber nahmen meine Kollegin und ich eine Kanne Tee sowie dicke Bücher mit, um uns, falls niemand kommen sollte, die vier Stunden Zeit zu vertreiben.

Doch weit gefehlt! Unser Tee wurde kalt, unsere Bücher blieben ungelesen und es fanden sich bereits beim ersten Mal etwa ein Dutzend Menschen ein, die uns ihr Vertrauen schenkten und den Wunsch in sich verspürten, unser Angebot anzunehmen.

Am zweiten Donnerstag baten wir eine weitere Heilerin aus unserem Team, uns zu helfen, und vom übernächsten Mal bis auf den heutigen Tag boten wir unsere Hilfeleistung zu viert an. Heute sind wir ein Team von insgesamt zwölf Heilerinnen, wovon acht das „feste Team" bilden, das sich zu viert zweiwöchentlich abwechselt, und weitere vier sogenannte „Springerinnen" sind, die aushelfen, wenn jemand der regelmäßigen Heilerinnen verhindert ist. Diese hilfreichen Springerinnen, die bei dem Austritt einer „Regelmäßigen" in das Team nachrücken können, haben wir zu uns gebeten, nachdem wir einmal beinahe aufgrund einer halb Basel lähmenden Grippewelle in eine höchst peinliche Situation geraten wären: Um ein Haar hätten wir ein Plakat anbringen müssen: „Heute kein Heilungsdienst – alle Heilerinnen krank!"

Während unsere Heilungsfeier nur alle drei Monate stattfindet - immer am ersten Sonntag der Monate März, Juni, September und Dezember abends um 18 Uhr -, kann man das Angebot „Handauflegen und Gespräch" jeden Donnerstag (auch an Feiertagen) beanspruchen, mit Ausnahme des Monats Juli.
Die Heilerinnen werden auf ihre Bewerbung hin sorgfältig ausgesucht und nach ihrer Motivation, ihrem Lebensweg, ihrer Erfahrung und vertrauenswürdigen Seriosität beurteilt. Zumeist sind es Frauen, die sich bei uns bewerben. Wechsel im Team ergeben sich immer wieder einmal durch einen Wegzug aus der Schweiz oder eine berufliche Veränderung einer Heilerin. Vielleicht ist es aber eben doch kein Zufall, dass vermehrt Frauen heilend tätig sind, weil es ihrem Wesen zugrunde liegt, denn wie Gertrud von Le Fort schon erkannte: *„Die Welt bedarf der mütterlichen Frau, denn die Welt ist weithin ein armes, hilfloses Kind."* Krankenschwester zu werden ist ja auch der Traumberuf vieler kleiner Mädchen, die Jungen hingegen träumen kaum vom Beruf eines „Krankenbruders".

Immer wieder einmal aber gesellte sich ein Heiler zu unserem Frauenteam und auch in Zukunft werden uns männliche Bewerber willkommen sein, sofern sie die Anforderungen erfüllen. Alle unsere Heilerinnen arbeiten ehrenamtlich, also ohne Entgelt finanzieller Art, und jede der Frauen ist durch eigene Lebens- und Leidenserfahrungen, aber auch durch Heilerlebnisse zur Ausübung des Handauflegens gekommen, so wie das auch bei mir selbst der Fall war. Wenn wir auch aus verschiedenen Richtungen kamen, so vereint uns doch der Glaube an eine große, uns übergeordnete Macht des Guten. Jede Heilerin verfügt über ihre individuellen und ureigensten Qualitäten und Erfahrungen. Deshalb übt sie ihren Dienst am Nächsten auch auf ihre persönliche Art und Weise aus. Alle aber verbindet dieselbe Gesinnung und das Bewusstsein, nur ein Instrument der großen Heilkraft Gottes zu sein, das ohne ihn nicht erklingen kann.
Bei der Einstellung der bei uns mitarbeitenden Heiler und Heilerinnen lassen wir größte Vorsicht und Sorgfalt walten und sind uns unserer Verantwortung bewusst. Tritt jemand aus dem bereits bestehenden Team aus, laden wir die Bewerber auf ihr Schreiben hin zu einem ausführlichen Gespräch ein. Natürlich können wir die Bewerber nicht bitten, uns etwas „vorzuheilen". Uns kommt es mehr darauf an, etwas über den Werdegang, die religiöse Ausrichtung - auf die göttliche und keine andere Kraft, wie immer man sie auch umschreibt - und die Lebenserfahrung zu hören. Außerdem legen wir Wert auf mindestens ein Jahr auswärtige Praxiserfahrung mit fremden Menschen, also nicht nur Übung an Familienmitgliedern.
Die Art des Heilungsbeitrages sollte unserer Auffassung nach schlicht, mitfühlend, auf die göttliche Heilkraft, Jesus Christus oder den Heiligen Geist gerichtet sein und bedarf keinerlei Methode. Wir halten Menschen auch dazu an, einen Arzt aufzusuchen, falls man ihn durch uns „ersetzen" wollte, was allerdings selten

vorkommt, da wir erfahrungsgemäß diejenigen sind, die man zuallerletzt aufsucht nachdem man erfolglos schon alle Therapien erprobt hat: Endstation Geistheilung.
Regelmäßige Teamsitzungen mit dem Pfarrer sorgen dafür, dass Probleme angesprochen und geklärt werden können. Einige meiner Kolleginnen sprechen anstatt von Gott von kosmischer Energie, göttlicher Weisheit oder von einer übergeordneten Kraft des Guten, doch vereint uns alle dasselbe Bestreben. Von der Individualität jeder Heilerin können unsere Hilfe suchenden Gäste profitieren, ganz besonders jene, die uns seit Jahren jeden Donnerstag aufsuchen. Einige der Heilerinnen halten bei dem Heilungsvorgang die Hände über den Hilfe Suchenden und machen ausstreichende Bewegungen, doch heilen sie in demselben Geist wie diejenigen, welche die Hand auflegen, und immer in Verbindung mit der göttlichen Heilkraft. Ich selbst bevorzuge die schlichte Handauflegung und möchte den Menschen mit seinem Einverständnis berühren, doch kommt es auch bei mir vor, dass ich mit meinen Händen einen Menschen zum Abschluss schützend vom Kopf über die Schultern bis zum abschließenden Händehalten umstreiche und mit einem Gebet oder Segenswort gleichsam einen schützenden Mantel um ihn lege. Was zählt, ist nicht die Art der Ausführung, sondern die Menschenliebe, die Nähe zu Gott und der innige Wunsch zu helfen. All das drücken unsere Heilerinnen schon dadurch aus, dass sie ihre Zeit und Kraft ohne jegliches materielles Entgelt verschenken. Diese Einstellung verbindet mich mit meinen Kolleginnen und reiche Belohnung ganz anderer Art erfahren wir dennoch durch die Begegnung mit dem Leidenden. In diesem Zusammenhang möchte ich an dieser Stelle etwas aus einem Dankesbrief über das Geschenk der Berührung zitieren, das man schöner nicht ausdrücken könnte. Der Brief stammt aus der Feder einer schwer depressiven Frau. Sie erlaubte mir, ihre Worte

öffentlich zu verwenden, denn ansonsten wird bei uns strengstes Seelsorgegeheimnis gewahrt. Wenn wir dieser Frau auch nur helfen, sie aber nicht heilen konnten, denn ihre Erkrankung macht sie - wie Jesus in Gethsemane es ausdrückte - *„betrübt bis an den Tod“*, so wurde ihr doch die Gottesgabe des Wortes in die Wiege gelegt und ließ sie auf unvergleichliche Weise ihre Gedanken folgendermaßen ausdrücken:

„Nun ist mein Arbeitsplatz mit einem Computer eingerichtet. Das ist das Neueste, was ich zu berichten habe. Sonst ist alles beim Alten. Der Kampf ums Lebenwollen oder nicht tobt. Eigentlich nicht leben, das ist stark. Das nicht wissen, was meine Aufgabe in dieser Welt ist, das In-den-Tag-hinein-Leben ohne Ziel macht mir Mühe. Tag für Tag funktionieren am Arbeitsplatz ... ist das alles, was Leben ausmacht? Ich glaube nicht, komme aber auf meiner Suche nicht weiter.

Ich weiß nicht einmal mehr, was ich suche. Ich vegetiere planlos und weiß auch nicht, ob ich froh sein soll, dass ich am Morgen aufstehen und an meinen Arbeitsplatz gehen kann.

Das Leben ist hart, zu hart für mich und meine Sehnsüchte können nicht gestillt werden. Die Sehnsucht umarmt zu werden, die Sehnsucht geliebt zu werden. Unvorstellbar, unerreichbar, diese Sehnsüchte zu stillen. Aushalten ist angesagt. Aber wieviel muss ein Mensch aushalten und ist aushalten „sinnig?“ Ist davonlaufen, davonsterben „sinniger?“

Gerne hätte ich Ihnen zum Jahresende DANKE gesagt, danke für die Berührungen:

Für das Handauflegen, diese Berührung, die – so scheint es mir – wie ein Schmetterling zart, wie ein sanfter Flügelschlag streichelt und eine Energie durch meinen Körper hindurchfließen lässt. Das tut mir gut, obwohl es ein Durchfließen ist und nicht bleibt. Der Schmetterling – um bei diesem Bild zu bleiben – fliegt auf mich zu, durch Ihre Hände der Hauch des Schmetterlingslebens in mich

und durch mich durch. Sanft, still. Lautlos, nichts Spektakuläres. Ja, ein Hauch, ein sanftes Pulsieren in mir, ein Spüren ICH LEBE, ich bin da und habe dabeizusein, in wachsenden Ringen.
Ihnen möchte ich für die Begegnungen und das Berührtwerden danken. Meine Hände in Ihren Händen – Sie wissen nicht, was ich spüre, was das für mich Großes bedeutet. Ich lebe mit einem Minus an Berührtwerden. Mein Konto ist da leer. Ab und zu ein Händedruck. Ab und zu halte ich eine Hand, still, schweigend, weil ich angesichts des Todes nichts mehr zu sagen habe. Berührt werden, meine Hände, mein Kopf, meine Stirn, ganz große Geschenke. Berühren, berührt werden rührt mich. Tief in meinem Innern durch den Panzer hindurch klingt eine Sprache, die ich einmal verstanden habe und heute wie eine Fremdsprache klingt. Ich bin geliebt.
Ich darf leben, warten bis der gnädige Gott mir meinen Tod gibt. Ich muss mir meinen Tod nicht selber nehmen. Bei den Begegnungen mit Ihnen spüre ich immer, dass es noch nicht Zeit ist. Das Berührtwerden ist wie ein Trost, ein Geschenk, das hilft, in wachsenden Ringen zu leben, in der Spirale hin in die Mitte oder hinaus in die Welt. Innen und außen werden eins. Das Leben ist es, das zählt.
Ich bin gefangen in meinem Panzer. Sehnsucht ist in mir nach weiterer Berührung, nach Leben.
Ich sehe die Orchidee an. Die Farben. Die zarte Blume. Ich sehe mich an. Ungern. Zu dick, zu farblos, zu traurig, zu leblos.
Aber da ist wieder die Erinnerung an die Elisabethenkirche – an die Sekunden des mich Lebendigfühlens. An meine Hände in Ihrer Hand und das Gefühl, ganz loslassen zu können, den Lebensschmerz, die Todessehnsucht."

Viele Menschen, die zu uns kommen, empfinden schon das Warten neben den anderen Leidenden, das manchmal lange dauern kann, als Trost spendend und sogar als zur Heilung beitragend. Das Kirchencafé hilft diese Wartezeit zu verkürzen und auch dort wurden schon viele wertvolle Kontakte und Freundschaften unter den Hilfe Suchenden geknüpft.

Die meisten unserer an einer körperlichen oder seelischen Problematik leidenden Gäste machen von unserem Gesprächsangebot Gebrauch und finden so ihre Sehnsucht erfüllt, sich irgendwo ihren oft jahrelang angestauten Kummer und Zentnergewichte großen Leidens von der Seele laden zu können. Andere wiederum wünschen sich nur eine stille Segnung, ein Gebet oder eine stärkende Handauflegung. Immer ist das Gespräch streng vertraulich. Stets fragen wir auch, ob ein Patient in ärztlicher Behandlung ist und falls nicht, was selten vorkommt, empfehlen wir, wenn wir es für nötig erachten, einen Arztbesuch. Umgekehrt ist es aber schon vorgekommen, dass Ärzte und ebenso Psychiater ihre Patienten zur Unterstützung ihrer Selbstheilungskräfte zu uns in die Kirche schickten. Auf diese Weise ist meine Mitarbeit in einer Arztpraxis entstanden, bei Dr. med. Beat Schaub in Binningen bei Basel.

Stets erkundigen wir uns, ob ein Mensch zum ersten Mal zu uns kommt und falls dem so ist, erklären wir ihm genau die Art unserer Hilfeleistung und, dass es nicht unsere Aufgabe ist Diagnosen zu stellen oder irgendeine Form von Hellsehen zu praktizieren.

Nachdem ein leidender Mensch sich bei mir ausgesprochen hat, nehme ich seine Hände in die meinen und stimme mich in Ruhe auf seine Seele ein. Danach stehe ich auf und lege meine Hände sanft auf seine Stirn, seinen Kopf, sein Herz, seinen Rücken oder sonst eine schmerzende Stelle, wobei ich mich im Gebet mit Gott verbinde und ihn bitte, seinen heilenden Geist in mich, durch mich und meine Hände in den leidenden Menschen fließen und mich im Sinne von Jesus Christus wirken zu lassen. Gleichzeitig konzentriere ich mich auf das Leid des Hilfe Suchenden oder die schmerzende Stelle desselben und kann auch fühlen, wie eine Art warmer Strom in meinen Fingerspitzen pulsiert.

Das Wichtigste dabei ist aber die Liebe, die Menschen- und Nächstenliebe, die man empfinden muss, das tiefe Mitgefühl mit dem Kranken und der Wunsch zu helfen, ganz gleich mit welchem Problem, sei es körperlich oder seelisch, ein Mensch uns aufsucht. So verharre ich in einer andächtigen Fürbitte bei ihm und versuche nicht nur seinen Körper, sondern auch seine Seele mit meiner Zuwendung zu berühren, denn wo Liebe spürbar wird, kann auch Heilung geschehen.

Nur Gott wirkt durch den Heilenden und nur er bestimmt letztendlich den Verlauf der Heilung oder die Dauer einer Erkrankung. In Demut sollte sich der Heiler oder die Heilerin vor der Allmacht unseres liebenden und fügenden Vaters neigen und dem Leidenden in gütiger Zuwendung, mitfühlendem und geduldigem Zuhören und mit einer liebevollen Handauflegung begegnen. Das Schicksal aber eines jeden Menschen ruht in Gottes mächtigen Händen.

Nein, wir sind keine Hexen!

Still und diskret, nach wie vor ohne jegliche Werbung, legten wir von nun an Woche für Woche kranken Menschen unsere Hände auf und nahmen uns ihrer Sorgen und Nöte an. Es dauerte allerdings nicht lange, bis uns die erste Illustrierte entdeckte und um ein Interview bat, was wir noch etwas scheu und völlig arglos gewährten.

Als ich jedoch später an einem Kiosk vorbeikam, weiteten sich meine Augen vor Entsetzen und ungläubig las ich auf dem Titelblatt, wenn auch in Anführungszeichen: „Hexen" heilen in der Kirche!

Einleitend schrieb man dann in jenem Heft, dass wir wohl im Mittelalter Gefahr gelaufen wären, als Hexen auf dem Scheiterhaufen zu enden, fuhr dann aber sachlich fort unser Anliegen zu beschreiben. Traurige Tatsache ist ja, dass es noch gar nicht so lange her ist, seit in Europa, ausgerechnet in der Schweiz zur Zeit der kräuterkundigen Heilerinnen und weisen Frauen die letzte Frau als Hexe hingerichtet wurde. Dies geschah im Jahre 1782 im Kanton Glarus. Die Überschrift auf der Zeitschrift verfehlte ihre Wirkung nicht: Am nächsten Donnerstag war unsere Kirche voll von Menschen, die diese „Hexen" erleben wollten!

Von Stund an interessierten sich auch andere Zeitungen, das Fernsehen und der Rundfunk für uns, was ich zu Anfang gar nicht begrüßte. Als das Schweizer Fernsehen anrief, sagte ich voller Schrecken ab und legte dar, dass ich es vorzöge, ganz still in der Kirche meine Arbeit zu tun. Mit einem öffentlichen Auftreten, davon war ich überzeugt, hatte ich längst abgeschlossen und ich war durch das jahrelange zurückgezogene Leben viel zu scheu geworden für einen Auftritt vor vielen Menschen. Da meine

Kolleginnen – und das sprach für sie und ihre Bescheidenheit – noch medienängstlicher als ich waren und ich als Initiantin das Projekt „Heilen in der Kirche“ vertreten musste, gelangte das Schweizer Fernsehen trotz erster Absage aber noch einmal an mich, bat mich – sehr geschickt! – doch während laufender Filmarbeiten in unserer Kirche einfach so einmal vorbeizukommen und mir die Fragen vorlegen zu lassen. Dieser Aufforderung kam ich nach, beantwortete die Fragen der Reporterin und wurde dabei gefilmt, wobei mir damals noch das Herz bis zum Halse schlug. Der Bann war aber damit gebrochen und fortan verging kaum ein Monat, ohne dass sich auch deutsche, österreichische oder italienische Fernseh- oder Radiosender bei uns meldeten. Bald folgten auch Anfragen für Vorträge und – ein Ansinnen, das ich immer weit von mir gewiesen hatte – Seminare.

Tom, Coral und die Dinge zwischen Himmel und Erde.

Durch den Umstand, dass eine Referentin, die zur gleichen Zeit wie Tom Johanson in Steckborn am Bodensee ein Seminar über Magnetismus halten sollte, plötzlich erkrankt war, erfolgte eine weitere Weichenstellung in meinem Leben. Susanne Lauer, die rechte Hand Tom Johansons, hörte von dieser Erkrankung und bot dem Veranstalter an, als Ersatz mich herbeizurufen. Mit dem ihr eigenen Humor rief sie mich an: „Setz dich hin und krieg keinen Schreck!" Ich tat wie geheißen und schon fuhr sie fort: „Kannst du in zwei Tagen hier ein Seminar halten?"

Ich gestattete mir trotzdem zu erschrecken und rief zuerst einmal aus: „Aber du weißt doch, dass ich selber kaum zu Seminaren gehe und schon gar nicht eines gehalten habe!"

Inzwischen hatte ich mich aber an die plötzlichen Herausforderungen gewöhnt und erfahren, dass sie mich stets bereichert hatten - im Sinne der *Erfahrungen* versteht sich.

Ich nahm also an und den nächsten Tag verbrachte ich in Buchhandlungen, wo ich allerdings nichts über Magnetismus oder Mesmer fand. Auch Stefan Zweigs Abhandlungen waren nicht vorrätig, aber schließlich wurde ich in der Universitätsbibliothek doch noch fündig.

In Steckborn erwies sich dann, dass meine Anstrengungen so ziemlich vergeblich gewesen waren, denn die erkrankte Referentin machte Heilübungen mit Magnetismus und die Seminarteilnehmer wünschten eigentlich gar keinen Vortrag zu hören. Was tun? Ich heile nicht durch Magnetismus – es sei denn, ohne dass es mir bewusst wäre – und so sprach ich dann eben über unser geistiges Heilen in der Elisabethenkirche, das Handauflegen und meine bisherigen Erfahrungen mit kranken Menschen.

Der Grundstein für meine sehr eigenständigen Seminare war gelegt, doch jenes Einspringen hatte noch andere Folgen und ich arbeitete dann eine Weile ergänzend mit den anderen Referenten des Seminars zusammen. Durch den Umstand, dass ich in Steckborn wieder mit Tom Johanson zusammengetroffen war, wurde ich angefragt, ob ich dem inzwischen alt und müde gewordenen Tom beim Heilen assistieren und ihn während seiner Seminare bei Schwächeanfällen unterstützen würde. Inzwischen verband mich mit dem gütigen Tom und auch mit Susanne Lauer eine tiefe Freundschaft, sodass ich gerne zusagte, von nun an in seinen Seminaren saß und immer dann übernahm, wenn ihn das Referieren erschöpfte. Tom Johanson und ich waren uns einig, was die Begegnung mit leidenden Menschen anbetraf. Er hatte mit Harry Edwards, einem der ganz großen englischen Heiler, zusammengearbeitet, dessen Buch ich gelesen hatte, wobei ich mich aber nicht mit dessen Anrufung jenseitiger Geisthelfer anfreunden konnte. Meine Einstellung zu dieser Praxis ist: Falls es solche hilfreichen Wesen geben sollte, werden auch diese uns auf *Gottes* Geheiß wie Engel zur Seite gestellt, doch ich als Heilerin wende mich ausschließlich nur an unseren höchsten himmlischen Vater, dem ich alles überlasse.

„Tom“, fragte ich dann eines Tages, „an wen wendest du dich? Von wem erbittest du dir Hilfe? Verbindest du dich mit Geistwesen wie so viele Heiler der englischen Tradition?“

„No“, antwortete er mir klar und einfach: „Only with God - nur mit Gott.“

Als ich Tom etwa zwölf Jahre zuvor begegnet war, hatte ich meine eigene Lebensphilosophie schon gefunden und war tief in meinem Glauben verwurzelt. Eine Zusammenarbeit kam für mich daher auch nur in Frage, weil wir, was das Heilen und die Kraft, mit der wir uns verbanden, anbetraf, die gleiche Einstellung teilten und deshalb sagte ich von Herzen gerne zu, als man um meine Hilfe bat.

Tom, der früher mit seinen lebendigen Schilderungen Hörsäle bis zum Überquellen gefüllt hatte, verausgabte sich noch immer mit seiner eindringlichen Vortragsweise und unvergleichlichen Energie. Die Bezeichnung „Charisma“ wird heute leider allzu oft vergeben, aber wenn sie auf einen zutraf, dann auf Tom Johanson. Er zog die Menschen in seinen Bann im besten Sinne des Wortes. Er wirkte als Vaterfigur, gütiger Freund und begnadeter Heiler zugleich. Er war ein besonders Begabter, ein Genie seiner Art. Von ihm ging eine seltene Kraft aus und doch war er – nur ganz einfach Mensch. Ein Erdenmensch mit Stärken und Schwächen und wie bei jedem anderen Menschen nahmen auch seine Kräfte in seinem hohen Alter zunehmend und immer rascher ab. Mit über achtzig Jahren ermüdete er während seiner Seminare und brauchte seine Pausen. In solchen Momenten pflegte er seine philosophischen Erläuterungen abrupt abzubrechen, sich auf einen Stuhl sinken zu lassen und in eine andere Welt zu tauchen. Das waren die Augenblicke, in denen ich fast nahtlos das Wort zu ergreifen hatte und so wuchs ich auch da wieder, ohne es je gewollt zu haben, langsam in meine heutige Seminartätigkeit hinein. Ich vertrat in solchen Momenten sowohl die philosophischen Erkenntnisse, die ich mit Tom gemeinsam hatte, als auch meine persönlichen Erfahrungen und den ureigensten Glauben, der in *meinem* Herzen gewachsen war.

Es gab Dinge, die ich aus Toms Lehre nicht nachvollziehen konnte, da ich seine Erfahrungen nicht gemacht oder meine eigene Sichtweise hatte. Andere Erkenntnisse wiederum deckten sich, wenn auch unsere bildhafte Vorstellung anders war. Sprach er von der Entwicklung der Seelen auf der Jakobsleiter, so hatte ich mir ein Bild geschaffen von einer langsam ansteigenden Straße, die ins Licht führt. Die Philosophie und religiöse

Erkenntnis aber teilten wir. Karma und Reinkarnation waren für ihn unumstößliche Tatsachen, für mich Möglichkeit mit hoher Wahrscheinlichkeit. Überzeugt aber bin auch ich von dem Gesetz von Ursache und Wirkung, einer Präexistenz der Seele und ihrem Weiterleben nach dem Tode. Ob in Form einer leiblichen Inkarnation oder auch nicht spielt für mich eine zweitrangige Rolle. Den Sinn des Lebens in der Entwicklung unserer *Seele* zum absolut Guten hin aber erkannte und deutete ich ebenso wie Tom. Tom Johanson wandte sich später dem Buddhismus zu und auch sein Wunsch, dem Dalai Lama zu begegnen, ging in Erfüllung.
In Tibet legte ihm der Dalai Lama nach einem langen Gespräch einen zeremoniellen Seidenschal um die Schultern, nahm die Hände Toms in die seinen und sprach zu ihm: „You are a buddha – du bist ein Buddha."
Tom Johansons Gesundheit nahm rapide ab. Er war zunehmend erschöpft und schien sich in eine eigene Welt zurückzuziehen. Deshalb gesellte sich bei späteren Seminaren noch seine als Malmedium berühmte Gattin Coral Polge zu uns, um ihm noch einen weiteren Teil der Seminare abzunehmen. Coral war eine zarte Lady, die zwar ebenso realistisch und bodenständig war wie Tom und deshalb auch mit viel Liebe zum Detail über alltägliche Haushalts- und Handwerkerprobleme reden konnte, die jedoch die außergewöhnliche Gabe hatte, Verstorbene als innere Bilder wahrzunehmen und sie mit Pastellkreide zu porträtieren. Während sie zeichnete, pflegte sie dazu mit ihrer feinen englischen Stimme in völlig selbstverständlichem Plauderton treffende Dinge aus dem Leben der Porträtierten, zumeist verstorbene Angehörige ihr unbekannter Seminarteilnehmer, zu erzählen. Coral war ursprünglich eine ausgebildete Malerin, hatte aber schon in ihrer Jugend durch den Tod einer jungen Cousine außersinnliche Wahrnehmungen gehabt und verband diese beiden Gaben später in ihrem Leben.

Es mag unglaubwürdig klingen und ich stand ihrem Wirken zuerst auch skeptisch gegenüber, hätte ich nicht, eigentlich als völlig erwartungslose, passive Mitreferentin während einer öffentlichen Maldemonstration etwas Erstaunliches erlebt: Coral zeichnete ein Porträt meiner Basler Großmama, das ihr bis zum Hütchen mit der Rose verblüffend ähnlich sah. Zwar wusste ich nicht mehr, wie sie ausgesehen hatte, da sie ja gelähmt gewesen war und starb, als ich vier Jahre alt war, doch fand ich schon nach Corals ersten Kreidestrichen, dass die alte Dame Tante Hanny ähnlich sah, also Großmamas Tochter. Als jedoch Coral etwas von „Dame, die gerne Hüte trug“ erzählte, ließ ich diesen Gedanken wieder fallen, denn Tante Hanny trug nie Hüte. Außerdem wollte ich gar kein Porträt einer Verstorbenen. Die Seminarteilnehmer waren ja aus diesem Grund zu Coral Polge gekommen und ich wollte ihnen auf keinen Fall etwas wegnehmen. Mit halbem Ohr hörte ich noch, wie Coral etwas von fünf Kindern der alten Dame plauderte, was bei meiner Großmama zugetroffen hätte, doch auch etwas von einem Mädchen, das früh verstarb, wovon ich noch nie etwas gehört hatte.

Ratlos und auf ein Erkennungszeichen wartend blickte Coral ins Publikum, doch niemand konnte sich für das Porträt dieser recht bärbeißig aussehenden Dame erwärmen. Kurz: da keiner der etwa sechzig Seminarteilnehmer sie wollte, nahm ich eben die grimmige Großmama mit nach Hause, denn nun war ich neugierig geworden. Zu Hause stöberte ich in alten verstaubten Fotoalben aus dem Nachlass von Tante Hanny und fand zu meinem grenzenlosen Erstaunen nicht nur ein verblüffend ähnliches Foto meiner darauf tatsächlich recht verdrießlich aussehenden Großmama, sondern sie trug zudem auch das Hütchen mit der Rose. Das Unglaublichste aber war, dass ich die Beerdigungsansprache anlässlich des Todes ihres Mannes, Großpapa Emil Stehlin, fand, worin der Satz stand: „Der glücklichen Ehe entsprossen drei Söhne und drei Töchter, von denen die Zweitjüngste schon im zartesten Alter starb.“ Woher konnte Coral das wissen? Sie konnte es sicher nicht telepathisch von mir übernommen haben, denn ich wusste weder, wie meine Großmama ausgesehen hatte noch etwas von einem sechsten Kind.

Coral Polge war zweifellos eine der ganz Großen und ansonsten eine völlig normale, bescheidene englische Lady wie andere auch. Ich selber schätze mich glücklich, dass ich bei mehreren Gelegenheiten solche Erfahrungen sammeln durfte und dies mit der Spitzenelite der großen, einzigartigen Medien der guten alten britischen Zeit.

Coral starb fast ein Jahr vor Tom Johanson in London, sie, die eigentlich ihren an Altersbeschwerden erkrankten Mann bis zu ihrem letzten Atemzug noch pflegen wollte. Ein unglücklicher Sturz mit langer Leidenszeit setzte ihrem Leben ein vorzeitiges Ende und zeigte damit auch, dass Gottes Wege letzten Endes auch für den hellsichtigsten Menschen unergründlich bleiben. Oder ahnte sie etwas voraus? Ich erinnere mich, wie sie bei einem ihrer Malseminare, Pastellkreide in der Hand, sagte: „Ich habe keine Angst vor dem Tod.......“, sie zögerte etwas und fügte dann mit einem feinen Unterton britischen Humors hinzu: „.........nur das Sterben könnte etwas unangenehm sein – only the dying could be a little bit awkward.“ Ihre Leidenszeit war lang und schwer – hatte die kleine innere Stimme, die auch ich kenne, ihr das vorher eingegeben?

Tragisch war auch der Umstand, dass ausgerechnet Coral Polge und Tom Johanson, die zeitlebens für das Wohl der anderen wirkten und sich für die geistige Heilung in Kirchen und Spitälern eingesetzt hatten – ausgerechnet sie wurden nach Corals Unfall in England in getrennten Spitälern untergebracht, in riesigen

Mehrbettsälen, offen zum belebten Korridor hin und unter traurigsten Bedingungen.
Doch das Gute, das sie in ihrem Leben getan hatten, kam auf sie zurück. Ihre treuesten Freunde taten, was sie konnten, als sie von ihrem Elend hörten, um Tom und Coral die bestmöglichen Bedingungen einer würdigen Pflege zu verschaffen, da sie, die sich jahrzehntelang für andere aufgeopfert hatten, nicht über die nötigen finanziellen Mittel verfügten. Ich besuchte Coral noch einige Male vor ihrem Tode und Tom, geistig nun fast ganz in eine andere Welt gewandert, hielt ich in seinem Pflegeheim einfach still die Hand. Tom Johanson ging somit denselben Weg wie unzählige andere alte Menschen. In dem Heim hatte man noch nie etwas von geistiger Heilung gehört und ahnte auch nicht, welch einst so großer Heiler jetzt unter den Bewohnern weilte. Susanne Lauer und andere treue Freunde bewirkten dann aber ein rührendes Wunder: Sie zeigten den Pflegerinnen des Heims einen Fernsehfilm aus Toms großer Zeit und wir trauten unseren Ohren nicht, als wir dann von einer von unerträglichen Rückenschmerzen befreiten Krankenschwester hörten. Sie ließ sich von dem ihr völlig unbekannten Heimbewohner Tom Johanson die Hände auflegen und wurde gesund. Geheilt von Tom, dessen Geist sich bereits in eine andere Dimension zurückgezogen hatte. Dies wiederum beweist, dass die Gabe des Heilens durch kein noch so ausgeklügeltes intellektuelles Studium erworben, sondern einzig und allein von Gott und durch das tief empfundene Mitgefühl erweckt werden kann. Gefühle sind unsterblich und selbst in dementen Menschen noch vorhanden, auch wenn sie scheinbar verschüttet worden sind.
Als ich Tom Johanson das letzte Mal in London an seinem Krankenbett besuchte, wusste er zwar meinen Namen nicht mehr, doch ging ein Leuchten der erkennenden Freude über sein

Gesicht und ich wusste, dass ich in seinem Herzen angekommen war.
„Promise........ versprich..........“, sagte er zu mir zur Begrüßung, bevor seine Sinne erneut schwanden. Still blieb ich eine Stunde neben seinem Bett sitzen und sann über seinen unvollendeten Satz nach. Beim Abschied aber schien er unvermittelt klar bei Sinnen zu sein und er fragte mich: „Will I see you again? – Werde ich Dich wiedersehen?“
Spontan antwortete ich: „Promise – ich verspreche es.“ Ohne darüber nachzudenken hatte ich den Satz vollendet. Ich ahnte, es würde nicht mehr auf dieser Welt sein, doch so Gott es will, werden wir uns in anderen Gefilden wiedersehen.
Wenige Wochen später, am 27. Juni 2002, schloss Tom Johanson seine Augen für immer.
Die Stunden des Heilens mit Tom im Anschluss an die Seminare waren etwas vom Bewegendsten in der Zeit unseres Zusammenwirkens. Tief berührt in meinem Herzen saß ich jeweils neben ihm und betrachtete sein in sich versunkenes Gesicht, während er still, konzentriert und schlicht die Hände auf den schmerzenden Körperteil des Menschen legte, der um seine Hilfe gebeten hatte. Ich hielt mich betont im Hintergrund, doch forderte er mich immer öfters auf, gleichzeitig auch meine Hände aufzulegen, und ich folgte seinen Anweisungen, mich immer zurückhaltend, da die Menschen ja ihn aufgesucht hatten und oft von weither angereist kamen. Diese Heilbehandlungen rührten viele, die daran teilnahmen, zu Tränen und ich erinnere mich besonders an den Abschluss eines Seminars in Steckborn am Bodensee, wo wir drei Stühle in die Mitte des Teilnehmerkreises stellten und den Menschen, die es von den etwa fünfzig Anwesenden am nötigsten hatten, einem nach dem andern von beiden Seiten die Hände auflegten. Es waren so viele, die darum baten, dass keiner der Seminarbesucher merkte, wie allmählich

die Nacht hereingebrochen war und uns nur noch der Mond und die Sterne durch die schrägen Dachfenster des Raumes ihre Lichter schenkten, während wir alle schon lange im Dunkeln saßen. Für uns alle, welcher Glaubensrichtung auch immer wir uns zugeneigt fühlten, war in der schützenden Geborgenheit der Nacht der heilige, heilende Geist des uns allen gemeinsamen Gottes spürbar, er verband unsere Seelen und durchströmte unsere Herzen mit einem Gefühl tiefer Andacht.

„Vergesst die Tiere nicht“

Tom sollte sich aber nicht aus meinem Leben zurückziehen, ohne sich noch auf witzige Weise eine letzte Weichenstellung zu leisten und mir ein Anliegen ans Herz zu legen, dem ich keine Mühe hatte zu folgen.

Etwa vierzig Menschen saßen um uns herum, denen ich zum Abschluss eines seiner Seminare noch etwas besonders Beglückendes bieten wollte, denn die Leute waren ja hauptsächlich Toms wegen gekommen und mir war es peinlich, dass ich aufgrund seiner immer häufigeren Schwächeanfälle so oft für ihn einspringen musste. Also wollte ich das Seminar mit einer Krönung abschließen und bot noch eine der berühmten und beliebten „Tom–Meditationen“ an, während ich – so schlug ich dem Seminarkreis vor – „nur still dabeisitzen und meine heilenden Gedanken beisteuern“ würde. Ich übersetzte dies Tom auf Englisch, nachdem ich es auf Deutsch angekündigt hatte. Tom hörte mir aufmerksam zu, nickte zum Zeichen des Einverständnisses, wandte sich zu den Kursteilnehmern und verkündete mit der größten Selbstverständlichkeit: „Ich habe eine bessere Idee: Beatrice macht die Meditation und *ich* steuere meine heilenden Gedanken bei!“ Sprachs, schloss die Augen und war entrückt.

Da saß ich nun. Erwartungsvolle Gesichter blickten mich an. Tom schien weit weg zu sein und ich sollte eine Meditation führen, was ich noch nie getan hatte! Was tun? Nach einer Schrecksekunde schloss ich die Augen, begann die Meditation mit der üblichen „grünen Wiese“ und nahm die Menschen in Gedanken eben mit auf einen Spaziergang. Kaum war ich in meiner geliebten Natur, wenn auch nur im Geiste, ging alles wie von allein, schwerelos

und sanft." Gibt es diese Meditation auch auf Kassetten zu kaufen?", wurde ich nachher gefragt.
Der Anstoß für meine späteren Meditationen, die dann aus eigenem Erleben und Inspirationen entstanden, war hiermit gegeben.
Eindringlich versuchte Tom in seinen letzten Seminaren noch etwas an uns zu übermitteln, das wie ein Vermächtnis klang und ihm ein Herzensanliegen war: *„Don't forget the animals – vergesst die Tiere nicht!"*
Selten habe ich einen Menschen gesehen, der die Tiere so achtete und liebte, ohne jedoch sie zu vermenschlichen, wie Tom es tat, und diese Tierliebe teilte ich mit ihm.
Auch in unserer Elisabethenkirche boten schon vor unserer ersten Heilungsfeier Pfarrer Felix Felix und der Tierschutzverein eine Schöpfungsfeier an. Ironisch wurde dies manchmal von den Menschen, die das nicht verstehen konnten, als „Tierligottesdienst" belächelt. Wer aber einmal an diesem Fest der Schöpfung teilgenommen hatte, dem wurde bewusst, wie sehr auch die Tiere eine Segnung als Geste unserer Achtung vor jeder Kreatur Gottes verdienen und wie ehrfürchtig sich diese Mensch- und Tiergemeinschaft in der Kirche versammelt. An dieser jährlichen Feier drängen sich dann oft an die zweihundert Hunde, Katzen, Meerschweinchen und Hamster mit ihren menschlichen Lebenspartnern in unsere Kirche. Aber auch Hausschweine, Igel sowie Fische im Glas werden mitgebracht und bei einer der ersten Schöpfungsfeiern stand sogar ein Pferd vor unserer Kirche. Das Erstaunlichste dabei ist aber, wie ruhig und manierlich diese vielen Tiere sich während des Gottesdienstes verhalten. Außer einem gelegentlichen „Wuff" oder „Miau" ist kaum etwas zu hören, als schienen die Tiere etwas von der Feierlichkeit und dem Ernst dieses Schöpfungsfestes zu spüren.

Selbstverständlich steht auch unser Heilungsangebot am Donnerstag Tieren zur Verfügung, was allerdings eher selten genutzt wird, denn der Transport eines kranken Tieres spielt eine erschwerende Rolle. Dennoch ereignet sich gelegentlich Kurioses mit Tieren, ebenso wie auch Tragisches, wenn jemand Trost suchend nach dem Verlust eines Tieres in unsere Kirche kommt. Ich kann dies gut verstehen, denn auch meiner Mutter brach der Tod ihres letzten Hundes fast das Herz. Alt und fast blind, wie sie war, konnte sie kein neues Tier mehr übernehmen, außer einem uralten, ebenfalls blinden, unvermittelbaren Kater, der ziellos umherirrend aufgefunden und in einem Tierheim abgegeben wurde. Man hatte sich gerade vorgenommen, ihn einschläfern zu lassen, als ich dort hinkam in der Hoffnung, doch noch ein Tier für meine Mutter zu finden. Dieser fast zwanzigjährige Kater lebte dann noch ein Jahr mit ihr und schenkte ihr letzte glückliche Momente der blinden Zweisamkeit, bevor auch er verstarb. Als außerordentlich wünschenswert betrachte ich deshalb auch den Aufenthalt von Tieren in Altersheimen, weil sie den dort lebenden Menschen noch etwas Kurzweil, eine Aufgabe, Liebe und Zärtlichkeit vermitteln können.

Kurios hingegen war der Besuch einer Dame in unserer Kirche, deren Katze bei einem Schönheitswettbewerb den Sieg verpasst hatte, da irgendein äußerliches Kriterium nicht erfüllt wurde: „Könnten Sie da durch Handauflegen etwas verbessern?“

Oder eine heitere Tiergeschichte, denn bei uns darf durchaus gelacht werden:

Der Patient war ein großer Schäferhund. Er humpelte, beinahe zehnjährig, mit schweren Darmproblemen und Arthrose in den Pfoten, mühsam zu mir, legte sich hin und leckte mir die Hand, als ich sie ihm auflegte. Es schien ihm äußerst zu behagen und andächtige Stille erfüllte den Raum, in dem ich behandelte. Da der Hund aber doch zu sehr einem Wolf glich, entschloss sich der besorgte Mann von der „Praxishilfe“, nach einer Weile nachzusehen, ob mich wohl die Bestie gefressen hätte. Er klopfte kurz an die Tür und trat ein. Mit einem Satz sprang das „lahme“ Tier auf und stürzte sich mit laut in der Kirche dröhnendem Gebell auf den Mann. Fast sah es aus, als ob sich eine Wunderheilung ereignet hätte!

Tiere sind auch der schönste Beweis dafür, dass es nicht darauf ankommt, einfach an Geistheilung zu glauben, damit es „funktioniert“. Glaube beginnt dort, wo das intellektuelle Wissen- und Beweisenwollen aufhört. Glaube und Vertrauen sind eins. Glaube beginnt, wo Liebe spürbar wird und man sie annimmt ohne Infragestellung. Das Vermögen zu glauben unterscheidet den Menschen wesentlich vom Tier. Der Mensch kommt mit seinem Glauben oder von einer letzten Hoffnung getragen in unsere Kirche und oft wird ihm auch aufgrund dessen geholfen. Ein Tier spürt in seiner unbestechlichen Sensibilität lediglich die Liebe, die ihm entgegengebracht wird, aber es kann nicht bewusst glauben oder hoffen. Es ist diese Liebe, die Vertrauen vermittelt, was wiederum die selbstheilende Energie des Tieres anzuregen vermag. Ein Tier hinterfragt die geistige Heilung nicht. Der Intellekt stellt sich ihm nicht in den Weg und es „zerdenkt“ die Art der Hilfeleistung nicht.

Schon öfters habe ich erlebt, wie ein Tier, verschreckt durch vorherige Besuche von mit Spritzen bewaffneten Ärzten, zuerst angstvoll zurückweicht oder sich verkriecht und schon beim nächsten Besuch vertrauensvoll die Handauflegung annimmt.

Eine sehr alte, an einem Tumor erkrankte Katze hatte sich unter dem Bett ihrer Herrin versteckt und war, als ich sie aufsuchte, nicht dazu zu bewegen, hervorzukommen. Also kniete ich neben dem Bett auf den Fußboden und legte meine Hand mit ausgestrecktem Arm auf das verängstigte Tier. Schon beim nächsten Mal kam mir die Katze freiwillig entgegen, legte sich

erwartungsvoll schnurrend hin und schien die Handauflegung direkt zu genießen.
Eine wunderbare Erfahrung machte ich später mit einem Pferd, das aufgrund einer eitrigen Kiefererkrankung tagelang nicht mehr gefressen hatte. Ich wurde deswegen von seiner Herrin in Basel angerufen, konnte jedoch das Pferd, einen wunderschönen Araber, nicht besuchen, da es sich hunderte von Kilometern von mir entfernt befand. Der verzweifelten Besitzerin aber versprach ich, am selben Abend noch für das Tier zu beten und eine Fernheilung zu versuchen. So wurde ich unversehens zur „Pferdeflüsterin", vorerst noch auf Distanz. Ich stellte mir an diesem Abend den Kopf des Tieres vor, legte in meinen Gedanken die Hand auf die entzündete Stelle und hatte fast das Gefühl, den braunen Kopf des Tieres sehen, berühren und spüren zu können. Erstaunlich war noch, dass sowohl die Besitzerin des Pferdes wie auch ich vorher zur selben Zeit denselben Film am Fernsehen gesehen und an der gleichen Stelle (ein unerträglich grausamer Film über den Krieg in Afghanistan) abgeschaltet hatten. Aufgrund dessen konnten wir später den Zeitpunkt rekonstruieren. Während ich mich anschließend in die Heilmeditation versenkte, ging sie noch einmal in den Stall, um nach dem kranken Tier zu sehen: Im selben Moment begann das Pferd erstmals wieder zu fressen.
Da ich am nächsten Tag in der Nähe der Stallungen, wo sich das Tier befand, einen Vortrag hielt, besuchte ich es doch noch persönlich. Es bedurfte nach den Angst einflößenden ärztlichen Untersuchungen, die das Pferd völlig verstört hatten, großer Behutsamkeit und Zurückhaltung meinerseits in der Annäherung an das Tier, zumal ich als Nichtreiterin genauso viel Respekt vor ihm hatte wie es vor mir!
Etwas später besuchte ich das mir nun ans Herz gewachsene Tier ein zweites Mal, als es an einer Sehnenentzündung am Bein litt,

und ich durfte erneut die bewegende Erfahrung machen, wie das sensible Pferd mir diesmal mit Erkennen und Vertrauen begegnete.

Dennoch muss ich mich auch bei den Tieren dem göttlichen Plan beugen. Als meine Katze Baghira sich mit sechzehn Jahren und einem tennisballgroßen Lebertumor schwer krank zum Sterben zurückzog – und man sollte die selbstgewählten letzten Ruheplätzchen der Tiere respektieren –, spürte ich, dass ihre Lebenszeit zu Ende war. Ich beschränkte meine Zuwendung darauf, sie durch meine zurückhaltende Präsenz spüren zu lassen, dass sie nicht allein war, verwöhnte sie noch mit letzten Leckerbissen, ließ aber *sie* bestimmen, ob sie noch etwas zu sich nehmen und wo *sie* liegen wollte. Ich berührte sie nur noch ganz zart, wenn sie es wünschte. Die Tierärztin staunte, dass ein Tier trotz „Riesentumor" noch fast bis zuletzt so, wie sie es im Protokoll festhielt: „erstaunlich munter und gut im Schuss" war. Selbst bei unabwendbarem Ende kann man Mensch und Tier durch die liebevolle, zärtliche Handauflegung und zurückhaltende Anwesenheit noch beistehen und ihnen dadurch helfen, dass das Sterben vertrauensvoller und sanfter wird.

Die Hilfe Suchenden in unserer Kirche und ihre Problemkreise

Wer sind denn diese Menschen, die unsere Kirche aufsuchen, um zu einer Heilerin zu gehen?

Es sind Hilfe suchende Menschen aus der ganzen Schweiz, aus dem Badischen, dem Elsass und auch von sehr weither. Menschen aller Hautfarben und Religionen sind uns willkommen. Sie stammen aus Afrika, Asien und Amerika und sprechen manchmal nur italienisch, spanisch, englisch oder französisch. Kinder kommen mit ihren Eltern, Babys werden gebracht und sehr alte Menschen suchen Hilfe und Trost, doch erstaunt es uns auch immer wieder, wie viel junge Menschen uns aufsuchen. Es kommen die abfällig eingestuften Psychosomatiker, die ewigen Arztläufer, die Austherapierten, die Menschen ohne Hoffnung, viele von einem allerletzten Impuls angetrieben, doch noch Hilfe zu finden und es suchen uns auch die Menschen auf, denen man ohne jegliches Verständnis nachsagt: „ Er *will* ja nicht gesund werden." Vom gestressten Firmenboss über den gemobbten Angestellten bis zum depressiven Arbeitslosen, vom Schüler mit Examensangst bis zum religiös Suchenden, es gibt kaum jemand, der sich nicht von uns Hilfe erhofft. Die Krankheiten, an denen sie leiden, decken das ganze physische und psychische Spektrum ab: Krebs, MS, Gürtelrose, Erblindung, Arthrose, Unfälle, Diabetes, Kopfschmerzen, Allergien bis hin zu Drogensucht, Depressionen, Wahnvorstellungen und es sind auffallend viele Ängste und Zwänge, die die Menschen peinigen. Immer wieder suchen uns aber auch Menschen auf, die nur „Kraft tanken" möchten.

Vereinsamung und ein Gefühl der Sinnlosigkeit des Daseins sind ebenfalls Hauptthemen und sehr viele Menschen kommen,

Männer und Frauen, die – um einen veralteten Ausdruck zu verwenden, der so sehr zutrifft – an „gebrochenem Herzen“ leiden. Menschen, die geliebt haben, jemandem ihr ganzes Vertrauen schenkten und tief enttäuscht wurden. Ein sehr ernst zu nehmendes Leiden und ich meine, dass man viel dazu beitragen könnte dem vorzubeugen, indem man in den Schulen nicht bloß Sexualkunde, sondern auch Beziehungs- und Liebeskunde erteilen würde, in der man auf die Sorgfalt und Verantwortung im Umgang mit den verwundbaren, tiefen Gefühlen eines anderen Menschen hinweisen würde.

Immer wieder erreichen uns Rückmeldungen von Menschen, denen unsere Zuwendung geholfen hat, bei denen sich ein Leiden gebessert hat oder die gelernt haben mit ihrer Krankheit zu leben. Dass es Scharlatane unter den Heilern gibt, ist unbestritten, doch unsere Hilfe Suchenden sind auch in der Schulmedizin manchmal einer unvorstellbaren, seelischen Kälte ausgesetzt und kommen verzweifelt zu uns. So erfuhr ein Mann von seiner Krebsdiagnose folgendermaßen: Die Ärztin kam mit einem Schwarm Assistenten im Kielwasser ins Zimmer gerauscht, baute sich vor dem Bett des Kranken auf und verkündete eilig und stehend im Beisein aller: „Sie haben Leberkrebs, wir können nichts mehr für Sie tun“, dann tätschelte sie vermeintlich mitmenschlich – immer noch im Stehen – seine Schulter und verkündete: „Ich gebe Ihnen den guten Rat, genießen Sie noch ihr Leben!“ und entschwand. Das Letztere, sagte der Mann, sei das Schlimmste gewesen.

Oder, ich erfuhr es gerade kürzlich, eine Frau, die vom nahenden Krebstod ihrer sehr alten Mutter mit folgenden Worten benachrichtigt wurde: „Der Zug ist abgefahren!“ Vermutlich wollte der Arzt die Tochter damit dafür bestrafen, dass sie sich angesichts der schweren Krankheit ihrer vierundneunzigjährigen Mutter geweigert hatte, noch in alle möglichen schmerzhaften Untersuchungen einzuwilligen.

Zum Abschluss dieses Kapitels möchte ich nun aber noch einige schöne Beispiele aus meiner Erfahrung mit Leidenden einbringen. Immer wieder freut es mich, wenn ein Patient bei unserem Gespräch ausruft: „Genau das hat mein Arzt auch gesagt!" und ich so sein Vertrauen untermauern kann. Ich rate auch immer wieder, sich nicht einschüchtern zu lassen und auf einem Gespräch mit dem Arzt zu bestehen, bis alle Zweifel geklärt sind, besonders vor Angst einflößenden Operationen. Der Patient hat das erste Recht auf seinen Körper!

So kam einmal eine Frau zu mir, die vor einer Operation zurückscheute und sich seit drei Monaten mit Sterbegedanken herumquälte, da sie einen „Schatten" auf der Brust hatte, der via Mammographie festgestellt worden war. Sie hatte einfach den Wunsch, noch nicht zu operieren, ging aber auch nicht mehr zum Arzt, da sie sein „Schimpfen" fürchtete. Eindringlich riet ich ihr, sich über diese Angst hinwegzusetzen und auf einem weiteren Gespräch mit dem Arzt zu bestehen, denn, so sagte ich zu ihr: „Es ist *Ihre* Brust, nicht die des Arztes!" Und zweitens riet ich ihr, nun, da drei Monate vergangen seien, die Untersuchung noch einmal zu wiederholen, denn wenn sie nichts täte, liefe sie auf ewig mit ihren Sterbegedanken herum. Bei einer neuen Untersuchung hingegen hätte sie statt dieser Grübelei *zwei* Möglichkeiten: Entweder der Schatten wäre noch größer, was sie die Entscheidung vielleicht noch einmal überprüfen ließe, oder – der Schatten wäre kleiner, was sie sonst nie erfahren würde. Sie folgte zu meiner riesengroßen Erleichterung meinem Rat, kam inzwischen weiterhin zu mir und meinen Kolleginnen zur Handauflegung und trat eines Tages strahlend auf mich zu: „Ich habe das Resultat – der Schatten ist verschwunden!"

Seither sehe ich sie fast jeden Donnerstag bei uns in der Kirche, sie blüht von Mal zu Mal mehr auf und es ist mir dann, als erleuchte sie mit ihrer neu gewonnenen Lebensfreude unseren

Kirchenraum und gebe etwas davon auch heilend an die anderen Kranken ab.
Zwei besonders beglückende Besuche wurden uns innerhalb einer Woche abgestattet: Beide Male war es ein Jahrestag, an dem einem Kranken geholfen worden war und der seither zu einer Art „Gedenktag“ wurde.
Unsere älteste Patientin wird seit Jahren von ihrem Neffen im Rollstuhl aus Freiburg im Breisgau zu uns gebracht und feierte im Jahre 2001 am 11.11. ihren hundertsten Geburtstag: „Der liebe Gott muss gewusst haben, dass ich kein gutes Zahlengedächtnis habe!“, kommentierte sie es auf ihre verschmitzte Art. Wenn ich ihr die Hände auflege, pflegt sie jeweils den Rosenkranz zu beten und wir treten so auf wunderbare Weise in eine ökumenische Verbindung. Sie strahlte nach der Handauflegung jeweils über ihr ganzes Gesicht: „Ich spüre, dass es mir gut tut.“ Vorletztes Jahr aber lag ein besonderes Leuchten in ihren Augen und bedeutungsvoll meinte sie: „Dieses Jahr fahre ich nach Rom. Ich bin dort eingeladen.“ Erstaunt fragte ich sie, von wem denn diese Einladung erfolgte. Würdevoll blickte sie mich an und antwortete wie selbstverständlich: „Vom Papst!“
Tatsächlich schaffte sie die beschwerliche Reise nach Rom dank der Unterstützung ihres Neffen und schenkte uns überglücklich ein Foto von der Audienz. Dann fügte sie allerdings gelassen hinzu: „Ich war schon einmal beim Papst. Vor fünfundsiebzig Jahren – aber das war ein anderer!“
Manchmal werden Heiler auch mit besonderen Fragen konfrontiert, die viel Feingefühl in ihrer Beantwortung erfordern. So gilt es einmal Menschen in ihrem Selbstbewusstsein zu stärken, andere wieder müssen zur Eigenverantwortung angeregt werden. Einige Problemkreise möchte ich andeuten.
Ein heikles Anliegen hatte ein Ehepaar, das sich mit folgender Frage an mich wandte und mich zu Hause aufsuchte:

- „Können Sie unseren Sohn heilen?“
- „Woran leidet denn Ihr Sohn?“, fragte ich zurück.
- „Er ist homosexuell.“

Ich nehme an, dass dieses Ehepaar später zumindest erstaunt von mir ging, denn nachdem ich mir in einem sorgfältigen Gespräch ein möglichst genaues Bild von dem Werdegang des Sohnes machen konnte, war für mich klar, dass er so geboren war und so geschaffen wurde. Ein Geschöpf Gottes wie alle andern Menschen auch, also nicht von einem gewissenlosen Verführer auf die schiefe Bahn gebracht, wie die Eltern glaubten. Ihr Sohn hatte nach einer kurzen Beziehung mit einem Mädchen erkannt, dass er nur einem Menschen seines eigenen Geschlechts Gefühle entgegenbringen konnte und es verband ihn eine tiefe Liebe mit einem anderen jungen Mann.

Für seine Eltern war dies ein Grund zur Verzweiflung und ich versuchte, ihnen mit größtmöglichem Zartgefühl beizubringen, dass ich die Homosexualität ihres Sohnes nicht nur nicht heilen *kann*, sondern auch gar keinen Grund dazu sehe und deshalb auch nicht *will*. Ich machte ihnen verständlich, dass kein Mensch sich zu Gefühlen zwingen lassen könne und ich ebenso außerstande wäre, jemandem eine andere Augenfarbe oder Körperstruktur zu verpassen, wie einen Menschen in seinem Wesen, das ihm von Gott in die Wiege gelegt wurde, umzupolen. Was kann denn der Sohn dafür, dass er einen Menschen seines eigenen Geschlechts liebt? Man kann ebenso wenig *lieben* wollen wie *glauben* wollen und – um mit Dr. Viktor Frankl, dem großen Begründer der Logotherapie (Sinn vermittelnden Psychotherapie) zu sprechen – am allerwenigsten kann man *wollen* wollen. [9]

Es brauchte zudem noch Geduld und Einfühlungsvermögen, die Eltern des jungen Mannes von dem Schuldgefühl zu befreien, sie hätten Fehler gemacht und dadurch wäre ihr Sohn schwul geworden. Hier hatte ich treffende Beispiele, die die Eltern trösteten und sie ihr Problem mit anderen Augen betrachten ließ: Ich bin persönlich befreundet mit zwei Zwillingspaaren – zwei Frauen und zwei Männern –, von denen je ein Zwilling lesbisch, bzw. schwul ist und der andere nicht. Ein Zwilling liebt also heterosexuell, der andere homosexuell. Ich betone *liebt*, denn es sind gefühlsbetonte, tiefe Beziehungen die sie eingingen. Bei beiden Zwillingspaaren waren die Geschwister nur fünf Minuten nacheinander geboren. Sie hatten also dieselben Eltern, dieselbe Liebe, dieselbe Betreuung und Erfahrung zur selben Zeit. Keiner kann sich darauf berufen, eben der Ältere, das „Sandwichkind" oder der Jüngste gewesen und „deshalb" eben anders geworden zu sein und auch die Eltern hatten gewiss beide Zwillinge gleich behandelt. Die junge Frau, die lesbisch wurde und auch äußerlich von Natur aus eine grazile, knabenhafte Erscheinung ist, erzählte mir von ihrer Liebe zu einer anderen Frau und der schwule Zwilling lebt seit bereits etwa zehn Jahren zusammen mit seiner großen Liebe, einem gleich empfindenden jungen Mann, der mir erst vor kurzem, als wir uns zufällig auf der Straße trafen, wieder glückstrahlend bestätigte, dass ihre „Ehe" immer besser würde und sich ihre Gefühle füreinander vertieften. Im Vergleich dazu gerät jede zweite, sogenannt „normale" Ehe innerhalb dieses Zeitraums in eine ernsthafte Krise oder endet in Scheidung!

Die Zeiten, in denen homosexuell liebende Menschen diskriminiert, geächtet oder gar als krank „therapiert" wurden, sollten endgültig vorbei sein, ebenso, dass man es als pervers bezeichnet. Im Gegenteil, die Zeit ist angebrochen, in der wir aufgefordert sind, Abbitte zu leisten gegenüber allen zu Unrecht geschmähten und ausgegrenzten Menschen. Jeder Mensch in seiner Besonderheit, Andersartigkeit oder auch mit seinen Behinderungen und Krankheiten ist ein Geschöpf von Gottes unermesslicher Liebe, ein Teil seines, unserer Intelligenz

übergeordneten Planes und erfüllt im Zusammenhang mit dem großen Netzwerk und anderen Kreaturen seinen Sinn.
Zur Zeit der Inquisition wurden auch Frauen verfolgt und hingerichtet, die das Unglück hatten, rote Haare zu haben, kräuterkundig zu sein oder die sich, wie meine Kolleginnen und ich, leidenden Menschen heilend zuwandten. Ich bin stolz darauf, dass es gerade in meiner Heimatstadt Basel möglich gemacht wurde, sich von einer Heilerin in einer Kirche die Hände auflegen zu lassen. Es vermittelt den Hilfe Suchenden Vertrauen, denn: „Wenn das in einer Kirche geschieht, kann es ja nichts Böses sein“, sagen viele. Berührt bin ich auch davon, dass dasselbe Gotteshaus oder „Menschenhaus“, wie es Pfarrer Felix Felix einmal formulierte, die Lesbische und Schwule Basiskirche beherbergt und die gleichgeschlechtlich Liebenden dort auch Gottesdienste feiern lässt. Dies verdanken wir nicht nur dem Mut und dem Durchsetzungsvermögen des Pfarrers, sondern auch der Großzügigkeit, dem Vertrauen und der Courage des Kirchenrates und seines Präsidenten.
Ich habe noch einen weiteren Grund stolz auf Basel zu sein, denn wir haben in unserer Stadt auch eine Seelsorgerin, die sich einer weiteren Randgruppe annimmt, nämlich der Prostituierten. In diesem Zusammenhang erinnere ich mich an ein Mädchen vom Drogenstrich, das vor einiger Zeit mit ihrem Hund, ihrem treuesten Freund und Beschützer, in unsere Kirche kam und zu Tränen gerührt war, dass jemand ihr liebevoll die Hände auflegte, ohne etwas von ihr zu fordern oder sie zu verurteilen, sie verändern oder belehren zu wollen.
Drogenentzug ist ein weiteres Thema unserer heutigen Zeit, bei dem man sich von uns, mit allerdings manchmal übertriebenen Vorstellungen, Hilfe erhofft und das gilt ebenso für Alkohol- und Zigarettensüchtige, denn auch hier gilt eben, dass Gesundung oft harte Mitarbeit und Eigenverantwortung der Kranken erfordert.

Vor etwa fünf Jahren wurde eines Tages ein junges Mädchen von ihrer Mutter und ihrer Schwester in unsere Kirche gebracht mit der Bitte, sie beim Entzug ihrer Heroinabhängigkeit zu unterstützen. Sie war bis auf die Knochen abgemagert. Ihre großen beseelten Augen aber waren noch nicht erloschen und strahlten etwas Reines aus. Trotz allem, was sie zweifellos durchmachen musste und trotz jeglichem Schmutz, durch den sie auf ihrem Weg im Drogensumpf hatte waten müssen – ein wertvoller Teil ihres Wesens hatte überlebt. Vielleicht deshalb hielt man für sie auch ihre Lehrstelle offen und gewährte ihr überdies eine dritte und letzte Chance des Drogenentzugs in der Psychiatrischen Klinik Basels, denn zweimal schon war sie untergetaucht und hatte den Entzug abgebrochen. Mit dem Einverständnis des behandelnden Arztes und dank dem Umstand, dass ich die Frau des Klinikpfarrers war, durfte ich sie dort auf ihren Wunsch hin regelmäßig besuchen und ihr die Hände auflegen.
An einem Donnerstag, es war Christi Himmelfahrt, kam ihre Schwester mit verweinten Augen in die Kirche: Das Mädchen war an diesem Tag der Versuchung erlegen, war zusammen mit einer Mitpatientin aus der Entzugsabteilung geflohen und erneut in die Drogenwelt abgetaucht. Man gab ihr nun eine allerletzte Chance, aber: „Sie muss bis heute Abend wieder zurück in die Klinik kommen!“
Ich bat meine Kolleginnen, die Arbeit alleine zu übernehmen und machte mich sofort mit der Schwester des Mädchens auf den Weg durch die Drogenszene Basels. Ich war zwar enttäuscht, aber mein Glaube an dieses wertvolle Menschenkind war ungebrochen. Von Ort zu Ort wiesen uns die dort herumhängenden Drogensüchtigen den Weg, nachdem wir erklärt hatten, worum es sich handelte, denn sie waren sehr misstrauisch. Einige von ihnen aber riefen bewegt und echt betroffen aus: „Wie schade, jetzt hat sie es neun Tage geschafft

und nun doch noch abgebrochen!“ Es war, als ob sie ein leuchtendes Beispiel und Vorbild brauchten und dies ihnen die Hoffnung hätte vermitteln können, auch sich selbst noch von der Sucht zu befreien.

Alles hatte ein gutes Ende an diesem Tag der Christi Himmelfahrt und mich rührte besonders die Freude der jungen Leute an dem Drogenplatz, den wir als ersten aufgesucht hatten und wohin wir wieder zurückkamen, als wir dort erfuhren, dass das Mädchen wieder in die Klinik zurückgekehrt war, wo sie dann die Qualen des Entzugs bis zum Ende durchstand. Danach begab sie sich für ein Jahr zu einem Bauern, der solchermaßen betroffene junge Menschen wieder in ihr neues Leben eingliedert und schrieb mir von dort:

„.............Der Entzug war eine harte Probe für mich und mein Leben. Du hast mir wirklich sehr geholfen in dieser Zeit. Auch jetzt denke ich noch oft an dich. Wenn es mir schlecht geht, stelle ich mir die Kraft vor, die ich von dir bekam“, und dann schrieb sie das Bewegendste: „Ich bekomme diese Kraft auch jetzt, wenn ich sie brauche!“

Das Mädchen hatte erkannt, dass sie von mir nur während einer Wegstrecke begleitet werden sollte. Sie hatte aber nicht ihre Drogensucht durch eine neue Abhängigkeit, nämlich der von einem Heiler oder Therapeuten, ersetzt, sondern es war ihr bewusst geworden, dass zu jeder Zeit *jeder* Mensch diesen Zugang zu Gottes Kraft hat - also auch sie. Diese Erkenntnis des jungen Mädchens machte mich ebenso glücklich wie ihre Heilung von der Drogensucht.

Vor kurzem hörte ich wieder von ihr: Sie hatte inzwischen erfolgreich die für sie freigehaltene Lehre absolviert, arbeitet heute selber mit jungen Menschen und ist, ob es ihr bewusst ist oder nicht, zweifellos selbst zu einer Mittlerin der göttlichen Kraft und ihrer persönlichen Erfahrungswerte geworden.

Die Vermeidung einer Therapeutenabhängigkeit ist mir ein großes Anliegen und als mein größtes Geschenk betrachte ich es, wenn ein Mensch durch meine Zuwendung wieder seinen eigenen Zugang zu Gott findet und auch sich selbst wieder etwas zutraut.

Die Frau, von der ich jetzt erzählen möchte, kam in Süddeutschland im Anschluss an eines meiner Seminare zu mir, mit denen ich Menschen zurück zum Urvertrauen zu führen versuche. Sie zitterte am ganzen Körper, griff sich an die Brust, rang nach Atem und konnte sich kaum überwinden stillzusitzen. Kurzatmig erzählte sie mir, dass sie, so formulierte sie es, Schmerzen an allen Nervenenden hätte, und ihr Herz schien mir zu flattern wie ein junges Vögelchen, das gegen eine Fensterscheibe geflogen war und jetzt bebend auf dem Fußboden sitzt. Ich nahm ihre Hände in die meinen, streichelte sie und sagte leise und beruhigend zu ihr: „Ihr Herz flattert wie ein verängstigtes Vögelchen, das sich unter seinem Schock kaum rühren kann und nun zittert und keucht mit angstvoll aufgesperrtem Schnabel. Wir nehmen nun gemeinsam Ihr Herz wie ein zartes Vögelchen in unsere geöffneten Hände und lassen es mit viel Geduld, Zeit und Liebe zur Ruhe kommen."

Ich hielt ihre geöffneten Hände in meiner Hand und streichelte mit meiner anderen zart und beruhigend das Vögelchen, das sie in Gedanken in ihren Händen hielt. „Wir stellen uns nun vor, das Vögelchen wäre Ihr zitterndes Herz. Langsam, langsam kehrt Ruhe ein. Wir streicheln es weiter und lassen uns Zeit. Ruhig geht der Atem, unverkrampft, locker, niemand erwartet eine Leistung von Ihnen. Das angstvolle Herz gewinnt Vertrauen, fühlt sich geborgen in unserer Hand. Es entspannt, fühlt sich beschützt wie ein werdendes Kind im Mutterleib. Immer ruhiger geht der Atem, dem Herzen wird es wohl in der Geborgenheit unserer Zuwendung. Langsam kommt das Vögelchen wieder zu sich, die angstvoll gespreizten Flügel legen sich an den Körper, der

Schnabel schließt sich. Neugierig beginnt es um sich zu blicken, hat wieder volles Vertrauen gewonnen und in diesem Vertrauen breitet es jetzt die Flügel aus und erhebt sich ruhig in die Luft."

Lange sprach ich auf das in unseren Händen geborgene Herz der Frau ein, bis es sich beruhigt hatte und sie vollständig entspannt dasaß.

Einige Zeit später, als ich wieder in Süddeutschland weilte, kam sie erneut zu mir. Auch wenn ich sie äußerlich nicht erkannt hätte, ihr aufgelöstes, gehetztes Wesen erinnerte mich sofort an alles. Atemlos flüsterte sie: „Wissen Sie noch – das ‚Vögele'?" Ein Gespräch wünschte sie diesmal nicht mehr, nur wieder diese Heilmeditation. Und ich staunte. Anders als das letzte Mal fand sie sofort zur Ruhe, kaum dass sie sich hingesetzt hatte und ich ihre Hände in meine genommen hatte. Nach Sekunden schon ging ihr Atem gleichmäßig und ihre Glieder waren entspannt. Das „Vögele", ihr Herz, hatte Vertrauen gewonnen und selbstständig fliegen gelernt.

Es ist also jedem Menschen möglich, sich ohne Hilfe von außen selbstständig „ein Herz zu fassen". Diese Heilmeditation eignet sich auch sehr gut, um alleine durchgeführt zu werden, sei es, dass man imaginär sein Herz in die eine Hand nimmt und es mit der anderen streichelt oder dass man sich ein anderes erkranktes Organ vorstellt. Man kann ebenso gut auch liebevoll und beruhigend eine Hand direkt auf das angstvoll oder unregelmäßig pochende Herz legen und sich ein Vögelchen im Nest vorstellen, das man tröstend und zart mit den ihm vertrauten und weichen Flügeln der Vogelmutter oder des Vogelvaters zudeckt.

Ganz ähnlich leitete ich einen Mann zur Selbsthilfe an, der von weither in die Elisabethenkirche nach Basel kam und unter nächtlichen Asthmaattacken litt.

Er befand sich in einem Teufelskreis, da ja Asthma verständlicherweise Erstickungsangst hervorruft, genau diese

Angst aber noch „enger“ macht und die Bronchien sich umso mehr verkrampfen lässt. Er erzählte, dass er in solchen Momenten nächtlicher Attacken aufzustehen und sich, verzweifelt nach Luft ringend, an den Küchentisch zu setzen pflegte. Auf meine Frage, was das Gegenteil von Angst sei, antwortete er richtig mit „Vertrauen“. Dieser Mann hatte Vertrauen, Vertrauen in Gott und Vertrauen in die Hilfe, die er sich im Schutze unserer Kirche erhoffte. Ich legte ihm die Hand auf seine Brust und spürte schon bald, wie er entspannte.

Nach einiger Zeit kam er wieder in die Kirche und erzählte mir, dass es ihm besser gehe und er zu seiner Frau gesagt hätte: „Die Heilerinnen in der Kirche haben mir geholfen.“ Doch schien ihn dennoch etwas zu belasten und er wünschte darüber zu sprechen. „Diese weite Reise kann ich nicht immer unternehmen und nun habe ich Angst, falls wieder ein nächtlicher Asthmaanfall kommt und Sie sind weit weg..........“

Meine Antwort war einfach: „Wenn Sie Vertrauen haben, dann brauchen Sie mich nicht mehr. Legen Sie sich selber die Hände auf die Bronchien und bitten Sie um dieselbe göttliche Heilkraft, um die ich hier in der Sakristei der Kirche gebetet habe.“

„Sie meinen, das kann ich auch?“ staunte er.

„Wenn Sie Vertrauen in Gott haben, dann dürfen Sie auch sich selbst vertrauen. Gott weilt überall, nicht nur bei Heilern und Priestern oder in der Kirche. Gott ist beim Mann und der Frau auf der Strasse, im Wald, zu Berge und zu Wasser – und auch nachts an Ihrem Küchentisch!“

„Er hat mich wohl kaum dazu ausersehen“, so versuchte ich ihm zu erklären, „als Einzige heilen zu können. Möglicherweise eher dazu, Menschen den Zugang zu Gott und Christus zu ebnen und ihnen Vertrauen in ihre eigenen Selbstheilungskräfte zu vermitteln.“

Gerade dies betrachte ich als einen sehr wesentlichen Punkt für alle, die sich mit Heilen in irgendeiner Form befassen: es zu vermeiden, dass eine Abhängigkeit und dadurch eine neue Form der Ich–Schwächung des Hilfe Suchenden entsteht. Jeder Heiler sollte es sich zur Gewissensfrage machen, einen Menschen das freie und selbstständige Gehen zu lehren und ihn Eigenverantwortung übernehmen zu lassen, indem der Heilende nach angemessener Zeit die hilfreiche, stützende Hand wieder sanft zurückzieht. Will sich der Therapeut – dies gilt auch für familiäre Verstrickungen und Helfer – als ausschließliche und lebenslängliche „Krücke" anbieten, und sei es noch so gut gemeint, könnte nach einiger Zeit dieses aufopfernde *Leit*motiv des Heilenden zum *Leid*motiv beider werden.
Ganz bewusst möchte ich in diesem Buch auf Schilderungen irgendwelcher „Wunderheilungen" verzichten. Zumeist erleben wir, dass Ruhe und Frieden in das Herz eines Menschen zurückkehren, dass Schmerzen gelindert werden oder auch ganz verschwinden unter der Handauflegung. Einige können besser schlafen oder ihr Schicksal besser tragen, und immer wieder kommt es vor, dass ohne jeglichen missionarischen Eifer unsererseits etwas in der Seele des Hilfe Suchenden angerührt und bewegt wird, das er längst schon verschüttet glaubte.

Ein Mann mit Anfang sechzig suchte uns auf, stellte sich wortkarg vor, bemerkte, dass seine Frau ihn dazu bewogen hatte, nun, da gar nichts mehr nütze, es noch bei den Heilerinnen der Elisabethenkirche zu probieren. Es sei ja wie mit den Kräutern: „Wenn es nichts nützt, dann schadet es wenigstens nichts." Diese Einführung war nicht gerade erhebend und vollends verunsichernd war dann auch der Anblick der großen blutverkrusteten und eiternden Wunde an der einen Seite seines Halses. „Vermutlich von einer Bestrahlung", sagte er. Die Poliklinik

Zürich urteilte nach langen erfolglosen Therapien: „Diese Wunde ist *nicht* heilbar." Der Kranke drückte sich aus wie das, was er war: Ein nüchterner, sachlicher Geschäftsmann. Er habe seit seinem achtzehnten Lebensjahr an Krebs gelitten, mit einem Unterbruch von zwölf Jahren, so konstatierte er. Jeden Tag müsse er vier Schmerztabletten einnehmen, drei davon beinhalteten Morphium. Außer diesen knapp vorgetragenen Informationen wollte er nicht reden. Dass er seiner höllischen Schmerzen wegen nicht mehr leben wollte, davon erfuhr ich erst viel später, als er seine Geschichte im Fernsehen erzählte.

Während der Handauflegung – ich hielt meine Hände vorsichtig in einem kleinen Abstand über der Wunde – flehte ich zu Gott, er möge dem Mann helfen und mir wurde einmal mehr bewusst, wie klein und abhängig wir Menschen doch von seiner Gnade sind. Der Mann verabschiedete sich anschließend auf seine knappe Art und ich dachte: „Der kommt nie wieder!"

Ich sollte mich täuschen, denn zu meiner Überraschung kam er nach ungefähr einem Monat erneut zur Handauflegung in unsere Kirche. Es spielte sich wieder so ab wie beim letzten Mal - kaum Gespräch, nur Handauflegung. Er verabschiedete sich, ging zur Türe der Sakristei, in der ich arbeitete, zögerte, drehte sich noch einmal um und rang sich folgende Worte ab: „Jetzt muss ich Ihnen *doch* noch etwas sagen. Nachdem ich das letzte Mal bei Ihnen war, hatte ich nach Jahren zum ersten Mal wieder das Bedürfnis zu *beten*. Außerdem konnte ich bereits eine Schmerztablette absetzen und die Wunde beginnt sich zu schließen."

Offenbar war mir meine Freude anzusehen, denn er fügte hinzu, immer noch trocken und ganz Geschäftsmann: „Und das mit dem Beten – das ziehen wir jetzt durch!" Er kam jeden Monat einmal und nach einem halben Jahr war seine Wunde geschlossen. Sein Glaube – und mag es nur noch ein Schatten davon gewesen sein – war erneut geweckt worden. Er hatte mit seinen Gebeten seine selbstheilenden Kräfte aktiviert, meine Hilfeleistung unterstützt und war so zu seinem eigenen Heiler geworden. Wie Jesus schon sagte, sein Glaube hat ihm geholfen.

Angst, Panik und der Besuch von Frau Zwang

Auffallend viele Menschen suchen unsere Kirche auf, weil sie unter qualvollen und unerklärlichen Angst- und Panikattacken leiden. Zwangskranke sind weitere bedauernswerte Leidende, die sich bei uns Hilfe erhoffen. Fast ausnahmslos haben diese Menschen schon alle Therapien erprobt und wir sehen uns vor eine schwierige Aufgabe gestellt. Niemals maßen wir uns an, eine Psychotherapie zu ersetzen, und möchten dies auch nicht tun, da wir unseren Aufgabenbereich anders sehen und es unser persönlicher Lebensweg war, der uns dazu führte. Um wieder mit Dr. Frankl zu sprechen: *„Das Ziel der Psychotherapie ist seelische Heilung. Das Ziel der Religion das Seelenheil."* [10] Ich möchte ein Beispiel nennen:

Eine junge Frau, Mutter eines Kleinkindes, kam zu mir mit schwersten Angst- und Panikattacken, die es ihr verunmöglichten, ihr Haus zu verlassen. Seit langem war sie in ärztlicher Behandlung, doch ihre Zwangsgedanken, es könne ihr etwas zustoßen, umschlossen sie immer enger und allmählich fürchtete sie sich sogar von einem Zimmer in das nächste zu gehen. Es grenzte schon an ein Wunder, dass sie sich von jemandem zu unserer Kirche bringen ließ – es war das Wunder, das oft nur mit dem Mut der allergrößten Verzweiflung geschehen kann. Dort angekommen, wollte sie sich schon wieder nach Hause flüchten, als wir uns draußen begegneten. Vor der Kirche lag tiefer Schnee. Ich blieb darin bei jedem Schritt stecken und nahm an, dass das so komisch gewirkt haben muss, dass ich sie lachend begrüßte. Das war unsere erste Begegnung und sie brach im wahrsten Sinne des Wortes das Eis ihres gerade wieder gefrieren wollenden Mutes. „Ich wollte schon umkehren vor der Kirche, aber als ich Sie so lachend dastehen sah, verlor ich meine Angst vor einer Heilerin“, sagte sie mir später in der Sakristei und schilderte mir anschließend die Qualen ihrer Panikattacken und der zwanghaft ewig darum kreisenden Gedanken. Solches hatte ich zwar nie erlebt, doch erinnerte ich mich, dass ich mir zur Zeit meiner Flugangst und postnatalen Depression - die mich auch dazu verführt hatten, durch eine mein Selbst zerstörende Gedankenbrille zwanghaft schwarz zu sehen - ein System zurechtgelegt hatte und mir dadurch helfen konnte, den Fängen des Leidens zu entkommen. Negative Gedanken schleichen sich zumeist durch eine Hintertür ein und ehe man es sich versieht, wird man sie nicht mehr los. Was die unglücklichen Betroffenen am meisten quält, ist das Unsichtbare und Unerklärliche des gedanklichen Feindes. Je mehr ein Zwangskranker sich zu befreien sucht, desto mehr baut er sich neue Sicherheitsgerüste auf und ist schließlich nur noch damit beschäftigt zu überlegen, welche zusätzlichen Absicherungen ihm noch helfen könnten. Er gerät in einen Teufelskreis, eine Spirale, die sich unaufhörlich immer enger um sich selbst dreht und aus der es kein Entrinnen mehr zu geben scheint vor dem unsichtbaren „Es“, das der Kranke weder beschreiben noch analysieren kann, da der Ursprung und Auslöser oft nicht zu finden ist. Diesem „Es“, das sich zu verselbstständigen pflegt, begegnete ich nun, indem ich den unsichtbaren Gedankenfeind zu einer Person machte; und ich konnte mit der bei Ängsten, Zwängen und fixierten Grübeleien wirkungsvollen folgenden Geschichte schon vielen Betroffenen helfen:

„Stellen Sie sich vor, Sie wohnten in einem Haus mit vielen Zimmern. Eines Tages zieht eine neue Nachbarin ein, klopft bei Ihnen an und stellt sich mit Namen vor: Sie heißt Frau Zwang (oder Angst, oder Panik). Arglos laden Sie sie zu einer Tasse Kaffee ein und lassen sich, obwohl Sie sie als etwas bedrückend empfinden, auf eine Plauderei mit ihr ein. Einmal ist keinmal, denken Sie, und die neue Nachbarin würde ja bald gehen. Als sie wieder draußen ist, bleibt ein ungutes Gefühl in Ihnen zurück, das Sie sich nicht erklären können, aber was soll's, Sie würden die Frau sowieso nicht wieder einladen. Trotzdem, als Frau Zwang am nächsten Tag leise an die Türe klopft, bitten Sie sie wieder herein und bereiten ihr abermals einen Kaffee zu. Frau Zwang bleibt diesmal schon länger, scheint es gar nicht eilig zu haben Sie zu verlassen und Ihr dunkles Gefühl verstärkt sich. Schon müssen Sie eine kleine Ausrede erfinden, um den ungebetenen Gast hinauszukomplimentieren. Es ist noch einmal gut gegangen und Sie atmen auf, bleiben aber beklommen. Doch Frau Zwang ist auch nicht um Ausreden verlegen und bringt Sie am folgenden Tag dazu, schon wieder die Türe zu öffnen, wobei sie nun bereits dreist und von sich aus eintritt. Ihr dunkles Gefühl verstärkt sich und nachdem die Frau gegangen ist, können Sie sie schon fast nicht mehr aus Ihren Gedanken verbannen. Tatsächlich kommt Frau Zwang jetzt schon ein zweites Mal an diesem Tag und geht nur widerwillig wieder aus Ihrem Zimmer. Am nächsten Tag, kaum haben Sie auf das Klopfen hin die Türe nur einen Spalt weit geöffnet, stellt Frau Zwang ihren Fuß zwischen Türe und Schwelle und verschafft sich gewaltsam Eintritt. Sie weigert sich nun, Ihr Heim wieder zu verlassen. Jetzt geraten Sie in helle Panik und Frau Zwang triumphiert, denn sie hat erreicht, was sie wollte: Sie hat Macht über Sie gewonnen! Sie denken nun ohne Unterlass an Ihre Angst, an Ihre Panik, eben an Frau Zwang, die sich nun bei Ihnen eingenistet hat und genau dieses unaufhörliche Kreisen Ihrer Gedanken um deren Person bezweckte. Frau Zwang ist hochzufrieden mit sich.

Hier hilft nur eines: Zeigen Sie Frau Zwang den Meister! Komplimentieren Sie sie auf der Stelle energisch hinaus und widerstehen Sie *jeder* Versuchung, wieder an sie zu denken oder sich gar auf ein Gespräch mit ihr einzulassen. Auch nicht über das

Telefon oder durch die geschlossene Türe! Lassen Sie Frau Zwang anklopfen so oft sie will, doch öffnen Sie keinesfalls mehr Ihre Gedankentüre, denn alsbald übernimmt sie wieder die Macht über Sie. Lenken Sie Ihr Denken weg, und zwar konsequent, anfangs auch die Gedanken, mit denen Sie „nur mal sehen wollen, ob es funktioniert". Frau Zwang bleibt ab sofort draußen und ist Luft für Sie! Lenken Sie Ihre Gedanken sanft, aber bestimmt auf Freude- und Nutzbringendes, konzentriert wie bei einer Meditation. Backen, kochen, lesen oder schreiben Sie (aber nichts über das Thema oder Frau Zwang!). Gehen Sie spazieren, treffen Sie Leute, machen Sie Einladungen mit komplizierten Rezepten, die Ihr Denken und Ihre Konzentration fordern, lösen Sie Kreuzworträtsel – je nach Ihren Kräften. Lassen Sie aber nach wie vor keinesfalls zu, dass Sie bei leichten Tiefs Frau Zwangs Klopfen berücksichtigen. Unterbinden Sie auch in der Folge der Besserung *jeglichen* Anflug negativer Gedanken und zwar in der ersten Sekunde, denn – wie in einem starken Strom - ehe Sie es sich versehen, sind Sie schon wieder mitten in diesem Wirbel, der Sie zu Boden zieht. Und versuchen Sie, die Situation mit einem gewissen Humor zu betrachten, denn nichts hasst Frau Zwang so, wie wenn man sich über sie lustig macht. Sie werden sehen: Bald wird Frau Zwang zutiefst enttäuscht über ihren Machtverlust aus Ihrem Haus wegziehen und Sie sind dem Wirbel entronnen."

Mit der angstbesetzten Frau sprach ich auch über meine tiefe Überzeugung, dass Gott niemals „aus Versehen" einen Menschen aus seinen mächtigen Händen fallen lässt. Ich sprach von Onkel Eddie in Neuseeland, seinem Sinnbild, von meinem Urvertrauen in Gott und seinem Plan, den er für jeden Menschen hat, weshalb die junge Frau sich auch vor nichts Unsichtbarem fürchten müsse. Sie hörte aufmerksam zu und ich spürte, dass sie meine Seelensprache verstand. Anschließend an unser Gespräch legte ich der Frau die Hände auf. Sie kam noch einige Male und berichtete mir bald voller Freude, dass sie mittlerweile sogar mit Mann und Kind in den Urlaub fahren konnte – ohne Frau Zwang!

Scharlatane und die Grenzen des spirituellen Heilens

Abgesehen von uns christlich ausgerichteten Heilern in Kirchen gibt es auch Geistheiler mit eigener Praxis und Fernheiler, die via Gedankenkraft über Distanz heilen. Dies kann man auf seriöse Art und Weise praktizieren. Man sollte sich aber davor hüten, die Hilfe eines Heilers in Anspruch zu nehmen, wenn dieser eine Summe Geld verlangt, welche die Richtsätze der Verbände für geistiges Heilen wesentlich übersteigt. Dort gilt ein Stundenansatz von bis zu 80 Euro in Deutschland, oder 85 bis 140 Franken in der Schweiz als angemessen. Auch eine Spendenbasis nach Einschätzung des Patienten ist möglich. In Acht nehmen sollte man sich auch, wenn ein Heiler vollständige Heilung garantiert, und man werde misstrauisch, wenn etwa gesagt wird: „Werfen Sie alle Pillen des Arztes weg und vertrauen Sie nur noch auf mich!" Damit kann man sogar sein Leben riskieren oder eine notwendige Operation verpassen. Noch einmal: Ein seriöser Heiler versteht sich als Ergänzung zur Schulmedizin und nicht als Ersatz oder Konkurrenz! Und wieder: Zu welcher Heilmethode, die einem nicht vertraut ist, man sich auch entschließt – man nehme seinen besten Freund, den Verstand mit!

Des Weiteren: Man zerreiße einen Brief in tausend Stücke, wenn darin ein Heiler eine horrende Summe als Anzahlung verlangt. Da hörte ich doch kürzlich tatsächlich von einer Patientin folgende Geschichte und die ist kein Einzelfall: Die Frau hatte Sfr. 15'000.- (ca. 10'000 Euro) in eine Fernheilung investiert, ohne dass ihr geholfen wurde, und als sie nach beinahe einem Jahr die Behandlung abbrechen wollte, verlangte der dubiose Scharlatan flugs einen höheren Monatsbeitrag, denn dann würde er auch mehr Heilkraft beisteuern!

Es ist tragisch zu erleben, wie solche gewissenlosen Betrüger die Verzweiflung der Leidenden ausnützen und sie zusätzlich quälen! Schließlich funktioniert ein Heiler doch nicht als Parkuhr für Gebete – oben Kleingeld rein, unten eine Bescheinigung für Heilung raus. Wirft man einen Euro ein, nützt das Gebet ein bisschen, spendet man dem Automaten aber fünf Euro, wirkt die Heilkraft stärker! Ich glaube kaum, dass die göttliche Kraft des Geistes nach solchen Kriterien wirkt! Vorsicht ist also stets angebracht angesichts des schier unüberschaubaren Jahrmarkts der schummrigen Betrüger und selbst ernannt Berufenen, die Leidende ausbeuten und lediglich eine Bühne für den Auftritt ihres Egos suchen. Ein seriöser Heiler kennt seine Grenzen, er arbeitet ergänzend, scheffelt keinen übermäßigen Reichtum mit den Leiden anderer (das sollte auch für Ärzte gelten!) und kann nichts endgültig Zerstörtes wieder aufbauen. Ein Zuckerkranker kann nach der Handauflegung nicht in die nächste Konditorei Torte essen gehen, ein Beinbruch gehört operiert und nicht zum Heiler und Gene kann man nicht umprogrammieren.
Gut hingegen sprechen Menschen mit Krankheiten an, die eng an seelisches Geschehen gekoppelt sind. Fritz Zorn schrieb vor seinem Krebstod seine erschütternde Leidensgeschichte nieder und bezeichnete darin seinen Tumor als „verschluckte Tränen“. Eines meiner Kinder, als es etwa vier Jahre alt war, nannte dieses schmerzhafte Würgen im Hals, wenn ein Mensch nicht zu weinen wagt, einen „Weinkloß“, auf Schweizerdeutsch „e Brüelklotz“.
Es ist erschütternd, wie viele Menschen einen solchen in sich verbergen, weil sie ein unsichtbares Leidenskreuz mit sich tragen müssen, und wie sich dieser „Kloß“ unter der Handauflegung oft in Tränen auflöst. Solche ungeweinten Tränen können Krankheiten erzeugen und es sind nicht wenige Menschen, die in unserer Kirche während des Handauflegens oder dem Gespräch zum ersten Mal seit Jahren diesen erlösenden Tränen ihren heilsamen

Lauf lassen können. Immer wieder begleite ich mit Gespräch und Handauflegen Krebskranke, die sich einer Chemotherapie oder Bestrahlung unterziehen müssen. Ich glaube, dass dieses Nicht-allein-Lassen und gewissermaßen Zusammen-Durchstehen viel bewirken kann, bestimmt aber auch die Hoffnung nährt, in dieser Verzweiflung durch etwas Übergeordnetes gerettet zu werden, als dessen Vermittlerin ich mich verstehe. Viele Menschen dachten bis zu ihrer Erkrankung nicht über den Glauben, das Göttliche oder den Sinn des Lebens und Leidens nach. Die Einsamkeit eines Menschen, der soeben, oft aus heiterem Himmel, auf mehr oder auch weniger mitfühlende Art die Diagnose „Krebs“ erhalten hat und mitsamt seinem Partner oder seinen Familienmitgliedern in einen Abgrund tiefster Verzweiflung stürzt, ist unvorstellbar grausam. Da seine Nächsten oft ebenso erschüttert und hilflos von dieser aufwühlenden Nachricht überrascht werden, können sie aus Betroffenheit dem Kranken bei aller Liebe kaum beistehen und dieser sieht sich mutterseelenallein dem Entscheid: Bestrahlung, Chemotherapie, Operation oder „wir können nichts mehr für Sie tun“ ausgeliefert.

Gerade da kann eine neutrale, mitfühlende, Stärke und Zuversicht ausstrahlende Person sehr hilfreich sein. Niemals jedoch darf ein Heiler dem Kranken den Entscheid – Chemotherapie oder Bestrahlung – abnehmen. Hat der Leidende aber seinen Entscheid getroffen, soll der Heiler ihn darin bestärken, denn nichts schadet so sehr wie anschließende Zweifel an dem einmal gefassten Entschluss. In einer solchen Situation habe ich mich stets darauf beschränkt, liebevoll, stärkend und verlässlich – ein Betroffener beschrieb es so – „eine Oase der Ruhe und des Friedens im Trubel und in der Hektik um den Krebs“ zu sein.

Wer kann heilen?

Grundsätzlich schlummert die Gabe des Heilens in jedem von uns und ebenso verfügen wir über selbstheilende Energien. Und genau diese sind es, die durch die mitfühlende Zuwendung aktiviert werden sollen. Schon allein die Anteilnahme bewirkt, dass der Leidende sich nicht im Stich gelassen, sondern ernst genommen fühlt, und dies kann die selbstheilenden Energien des Kranken anregen. Jeder Mensch verfügt über krank-, aber auch gesund machende Kräfte. So wie Ärger, Stress und vor allem lang angestautes Leid den Stoffwechsel und Hormonhaushalt beeinflussen und den Menschen schwer krank machen können, ist es möglich, dass im gegenteiligen Falle durch Zuwendung, geduldiges Anhören der erfahrenen „Kränkung" und durch die mitfühlende Berührung die verschütteten oder erstickten Selbstheilungskräfte des Leidenden wieder belebt werden können. Jede Mutter legt ihre Hand instinktiv auf die fieberheiße Stirn ihres Kindes, welches dieses spürt und als beruhigend, lindernd und heilend empfindet.

In der Bibel heißt es:
„Es gibt verschiedene Gaben – aber es ist ein Geist und es sind verschiedene Kräfte, aber es ist ein Gott, der da wirkt in uns allen", und weiter heißt es: ".......dem einen wird durch den Geist gegeben von Weisheit zu reden, dem anderen wird gegeben von der Erkenntnis zu reden nach demselben Geist, einem anderen die Gabe gesund zu machen in dem einen Geist, einem andern Wunder zu tun......."

Vor Gott, da bin ich überzeugt, ist jede Gabe gleichwertig. Ob man nun in einem Büro arbeitet und dort Mitmenschlichkeit einfließen lässt oder ob man an der Kasse eines Supermarktes steht und versucht, den Kunden mit seiner Freundlichkeit etwas mitzugeben, ob man sich durch Malerei oder Musik auszudrücken vermag, ob man als Arzt, Pfleger oder Heiler tätig ist oder ob man als Kranker andere Menschen zur Auseinandersetzung mit dem Leiden herausfordert – vor Gott sind wir alle gleich und es ist immer *sein* Geist und *ein* Geist, der uns inspiriert, *„begeistert"*, führt und allem Sinn verleiht. Ein Heiler kann, aber muss kein Diplom vorweisen. Womit er sich aber ausweisen muss, ist seine Menschenliebe, mit der er die Hilfe Suchenden empfängt und die man ebenso wenig wie Mutterliebe erlernen kann. Es ist das tiefe Mitgefühl mit dem Leidenden und der Wunsch zu helfen, das er empfinden sollte, ganz gleich mit welchem Problem ein Mensch ihn aufsucht, sei es körperliches oder seelisches Leid. Wichtig ist, dass der Heiler nicht nur den Körper, sondern auch die Seele des Leidenden zu berühren sucht.

So spielt manchmal das Gespräch, mit dem jemand sich Zentnergewichte und jahrelang angestauten Kummer von der Seele laden möchte, die wichtigste Rolle, andere wiederum möchten nur eine stille Segnung oder Handauflegung empfangen. Es ist auch nicht vonnöten, dass ein Heiler auf mediale Weise weiß, woran ein Mensch krankt, und dass er Diagnosen stellen kann, da die heilenden Energien durch Gottes Weisheit und Fügung ihren Weg von selbst finden, sei diese kranke Stelle nun der Körper oder die Seele.

Ein seriöser Heiler muss sich bewusst bleiben, dass er ein Instrument Gottes ist, welches nur durch ihn klingen kann und das dazu bestimmt ist, *seine* Werke sichtbar werden zu lassen. Er muss immer wieder an sich arbeiten, in sich gehen, um Bescheidenheit ringen, auch wenn „Erfolge" zu erkennen sind. Jede Heilung, jede Besserung eines Leidens ist letztlich ein

„Wunder", eine Fügung der uns übergeordneten Kraft Gottes und durch den Heiler allein nicht möglich.
Kein Heiler darf zulassen, dass sein Ego sich aufbläht. Er muss sich stets und immer erneut zurücknehmen und vor allem darf er sich nicht am leidenden Mitmenschen bereichern. Darum ist es uns auch ein besonderes Anliegen, im Rahmen der Elisabethenkirche unsere Dienste unentgeltlich anzubieten, sodass jeder, auch der Mittelloseste und Bedürftigste, unsere Hilfe so oft er möchte und ohne jegliche Verpflichtung in Anspruch nehmen kann. Trotz dieses Angebotes sind aber unsere Heiler durchaus berechtigt, für Privatkonsultationen einen bestimmten Betrag festzusetzen. Damit bezahlt der Hilfe Suchende nicht die Heilung, sondern die Zeit und die eventuellen Unkosten, die der Heiler hat, falls er seinen Lebensunterhalt damit bestreiten oder Räumlichkeiten für die Behandlung finanzieren muss. Dieser Betrag sollte aber wie gesagt immer im Rahmen der vom Schweizerischen Verband für Natürliches Heilen SVNH oder dem Dachverband für geistiges Heilen in Deutschland festgesetzten Richtsätze liegen und nicht der unangemessenen persönlichen Bereicherung dienen.
Vor allem aber muss ein Heiler sich bewusst sein, dass nicht er es ist, der heilt, sondern die uns übergeordnete Weisheit und Kraft Gottes. Ein Heiler ist immer nur der Kanal oder das Instrument, das allein durch den Willen Gottes klingen kann. Ein Instrument allerdings, das durch eine ethische Lebenshaltung, durch Gebete, Meditation oder Dialoge mit Gott gepflegt werden muss. Nehmen wir zum Vergleich den Geiger Yehudi Menuhin oder sonst einen begnadeten, inspirierten Musiker - bei all seiner Begabung wäre es doch ein Unterschied, ob er auf einer ramponierten Schülergeige spielen müsste oder ob er seine Kunst auf einer mit Sorgfalt gepflegten Stradivari erklingen lassen darf.

Die Begabung zu heilen hat im Ansatz jeder, doch gilt es diese Begabung zu entwickeln, sie anzuwenden, zu üben und nicht verkümmern zu lassen. Dennoch glaube ich, dass, wie bei der Musikalität, dem Talent für Sprachen oder anderes schon von unseren individuellen Anlagen her eine Art Begabungsskala vorhanden ist und die Eignung dafür oder die Bestimmung dazu bei jedem von uns unterschiedlich ausgeprägt ist.
Die Bibel spricht auch von Wundern und unterscheidet interessanterweise hier die Gaben „Krankheiten zu heilen“ und „Wunder zu tun“. Ja, gibt es sie denn nun – diese Wunderheilungen?
Sicher gibt es sie, die Wunderheilungen, aber dies ist die seltenste Form und es gibt sie auch in der Schulmedizin, wo man sie mit „Spontanremission“ tituliert. Jeder Arzt mit langjähriger Erfahrung wird einmal mit dem „Wunder“ konfrontiert, dass ein Tumor oder eine andere Krankheit auf scheinbar unerklärliche Weise verschwindet. Zumeist jedoch, sowohl in der Schulmedizin wie auch in der geistigen Heilung, braucht es Zeit, unerschütterliches Vertrauen, Zuversicht und Geduld, um seelisches oder körperliches Leiden zu lindern oder zu heilen.
Schwer fällt mir auch stets, die oft gestellte Frage nach Erfolg zu beantworten, da ich ungern im Zusammenhang mit den vielen Kranken, die uns beispielsweise in der Elisabethenkirche aufsuchen, von „Erfolg“ spreche. Ein Krankenhaus ist auch nicht erfolgreich, weil es überbelegt ist!
Es ist meines Erachtens immer eine Vernetzung vieler Kräfte, die eine Heilung bewirkt, wie die Hilfe des Arztes, des Heilers oder einer anderen mitfühlenden Person, zudem des Patienten selbst und über allem die göttliche Führung und Bestimmung. Jede erfolgte Besserung ist für den Leidenden ein kleiner Fortschritt und wenn mir jemand berichtet, nach der Handauflegung besser

schlafen zu können oder bei Polyarthritis weniger Schmerzen zu empfinden, ist das schon ein kleines Wunder.

Vom Wunder komme ich nun zum oft erwähnten Placeboeffekt, denn immer wieder hört man: „Das ist ja alles nur Placeboeffekt!" Also eingebildetes Gesundwerden. Was heißt da schon „nur"! Gerade deswegen habe ich für mich den Schluss gezogen: Wenn also die leidende Seele eine Krankheit erzeugen kann, sollte der umgekehrte Weg auch möglich sein und sei es, dass man die Gesundheit wiedererlangen könnte durch die nebenwirkungsfreie und unspektakuläre Handauflegung, nach der die vorher belastete Seele so oft wieder freier atmen kann, was wiederum eine Wirkung im Körper entfaltet.

Das Hauptanliegen eines jeden Heilenden, sei es ein Arzt oder ein Heiler, sollte ohnehin immer sein, *dass* geheilt wird und nicht wie oder wer die Heilung vollbracht hat. Sehr wichtig ist darum immer das aufbauende Gespräch. Viele Menschen leiden an vernichtenden Selbstzweifeln – sie vertrauen nicht auf ihre Stärken und trauen sich demzufolge auch nichts zu. So zählt es für mich zu den „Wundern", wenn ein vormals geknickter Mensch wieder zu seinem Selbstwert gefunden und gelernt hat, sich als ein von Gott gewolltes, einzigartig geschaffenes Kunstwerk lieben und akzeptieren zu lernen. Es sollte bei einer Heilung also immer ein Zusammenwirken mehrerer Kräfte sein. Ich sehe den Vorgang gern als Pyramide vor mir: Zuoberst die alles vereinende Spitze – Gott – und aus verschiedenen Richtungen kommen, in die Höhe strebend, aber in ihrem Bemühen, *ein* Ziel zu erreichen, schließlich alles wieder miteinander verbindend: Der Arzt, der Therapeut oder eine andere mitfühlende Person – vielleicht ein Familienmitglied, ein Heiler und – sehr wichtig – der Patient selber!

Ich vertrete die Auffassung von C.G.Jung: *„Ich wollte die Heilungsvorgänge aus der Persönlichkeit des Patienten selber* *entwickeln und nicht aus meinen Suggestionen und deren nur vorübergehenden Wirkungen. Ich wollte die Würde und Freiheit meines Patienten schützen und erhalten, sodass er sein Leben aus eigenem Willensantrieb leben konnte.“* [11]

Immer wieder begegnen uns auch resistente oder unheilbare Leiden. Hier bemühen wir uns mitzutragen und den Menschen, die damit leben müssen, eine Stütze zu sein. Da die meisten Heiler durch ihre Lebenserfahrungen zur Ausübung ihres Berufes gekommen sind, kann man es als fast sicher betrachten, dass Heiler nicht einfach mit einer stählernen Gesundheit bedacht wurden, sondern als Teil ihres Lebenspraktikums das „mit einem unabänderlichen Leiden Leben-Lernen“ aus eigener Erfahrung kennen. Viele erstaunt dies, doch auch bei Jesu Leiden wurde gespottet: *„Andern hat er geholfen – nun helfe er sich selbst!“*

Dem unergründlichen Plan der göttlichen Weisheit müssen wir uns wohl alle beugen.

Gesundheit – Krankheit – Tod

Wir wissen es alle inzwischen: Gesundheit bedeutet Heilsein, Ganzsein, eine ganzheitliche vitale, lebensfrohe, schmerzfreie Einheit von Körper und Seele zu spüren. „Mens sana in corpore sano" – eine gesunde Seele in einem gesunden Körper. Doch muss ich gestehen, dass ich kaum jemanden kenne, der sich dieses Zustandes dauerhaft erfreuen darf. Sogar kleine Kinder werden von Krankheit nicht verschont. Am allerwenigsten empfinde ich diejenigen als gesund, die zwar strotzen vor körperlicher Kraft und mit einem beneidenswerten, abwehrstarken Immunsystem begünstigt zu sein scheinen, aber deswegen an einer Selbstgerechtigkeit kranken, die einem leidenden Menschen das Leben noch schwerer macht. Da kann dann beispielsweise ein Depressiver, der sich am Rande des Suizides befindet, zu hören kriegen: „Du musst eben nur *glauben*!", was den Betroffenen noch tiefer in seinen Abgrund stößt, denn nun wird er ja genau mit dem konfrontiert, an dem er auch noch krankt: mit seinem vermeintlichen Versagen auf allen Ebenen, da ihm der Glaube vom selbstgerechten Gesunden als ein Verdienst vorgehalten wird, den man sich willentlich erringen kann. „Eben", kommt nun unvermeidlich der nächste Ratschlag eines solchen Gesunden: „Du musst nur *wollen*, reiß dich mal zusammen, wo ein Wille ist, ist auch ein Weg!" Und gerade daran erkennt man ja unter anderem die schwere Depression: Am vollkommenen Unvermögen, noch einen Willen aufzubringen. Ich möchte aber betonen, dass ich hier das Beispiel einer behandlungsbedürftigen Depression anführe und nicht eine leichte Traurigkeit, Melancholie oder momentane depressive Stimmungslage. Eine *schwere* Depression mit akuter Suizidgefahr gehört *immer* in die Hände des Facharztes und muss gegebenenfalls auch medikamentös behandelt werden. Hier sollte der wohlmeinendste Heiler seine Grenzen erkennen, auch wenn er dem Kranken weiterhin *ergänzend* seine mitfühlende Zuwendung anbieten darf.

Doch zurück zu unseren „krankhaft Gesunden“:

Da hat doch tatsächlich solch ein vor Gesundheit strotzender Mitmensch gegenüber einem unter schwersten Schmerzen leidenden und kaum noch bewegungsfähigen Kranken sich mit folgender Weisheit gebrüstet: „*Ich* bin eben gesund, weil ich nicht so viel über Krankheiten nachdenke wie du!“ und er steigerte sich zu dem Ratschlag: „Du solltest eben Jogging machen und anschließend kalt duschen, dann bist du bald so abgehärtet wie ich – aber du tust ja nie, was ich dir sage, sonst wärst du längst gesund!“ Solchermaßen fühlt sich ein Kranker zu seinem Leiden hin noch mehr allein gelassen in seinem Schmerz und völlig ausgestoßen, besonders wenn er zu den Heerscharen von Menschen gehört, die sich nicht mit einer eindeutigen, für sich sprechenden und andere Leute beeindruckenden Diagnose vor sogenannt Gesunden „ausweisen“ kann.

Wie kann man Krankheit und Gesundwerdung verstehen?

Ich glaube, dass es viele Faktoren sind, die bewirken, dass ein Mensch krank oder gesund wird, und oft ist es nur gerade das berühmte zusätzliche Tröpfchen, vielleicht ein Virus oder eine emotionale Erschütterung, welche zusätzlich schwächt, das Glas zum Überlaufen bringt und die Krankheit auslöst.

Wir alle kommen zunächst einmal mit genetischen Veranlagungen zur Welt, die uns für bestimmte Krankheiten anfällig machen. Dabei kann der Körper, aber auch die Seele betroffen sein, obwohl letztlich beides untrennbar und ganzheitlich verbunden ist. Dennoch möchte ich Abstand nehmen von gängigen Vereinfachungen wie „es ist *immer* die Seele, die den Körper krank macht“, wodurch viele Kranke wiederum nicht verstanden werden, denn es kann durchaus sein, dass eine körperliche

Krankheit auch das Gemüt verdunkeln kann und die Seele unter sich zusammenbrechen lässt, vor allem wenn eine Krankheit zu lange ertragen werden muss. Man sollte sich davor hüten, einen Menschen allzu leichtfertig oder gar mit dem Unterton der Verachtung als Psychosomatiker abzustempeln oder ihm zu unterschieben, er bilde sich alles nur ein. Selbst wenn es so wäre, liegt dem auch ein Leiden, nämlich der Hilfeschrei der Seele zugrunde: einer Seele, die danach ruft, ernst genommen zu werden, sich so Gehör verschaffen will und mittels des Körper Signale setzt. Ganz grausam ist es, im Zusammenhang mit Krankheit von Sünde zu sprechen. Warum kommen dann unschuldige Kinder krank oder behindert zur Welt?

Auch falsche Ernährung, die berühmten Themen: zu viel Fleisch, zu wenig Gemüse, Salate und Obst, zu süß, zu fett, aber auch behandelte Nahrungsmittel und sonstige Umweltschäden, zudem zu wenig Bewegung, dann Kummer, Stress, Sorgen – dies alles kann der Nährboden sein, auf dem sich eine Krankheit entwickelt und uns schadet. Hinzu kommt aber sicher auch noch der große unergründliche Plan unseres Schöpfers, der uns etwas lehren will, uns auf etwas hinführen möchte und uns zur Auseinandersetzung mit dem Leiden zwingt. Wir können jedoch etwas beitragen zur Gesundwerdung: sanft und geduldig wie eine liebende Mutter ihr Kind uns selber zu Einsichten führen, indem wir uns besinnen und unsere Lebenshaltung korrigieren. Der Rest aber in der Selbst- wie auch in der schulmedizinischen oder der geistigen Heilung bleibt Teil eines großen unergründlichen und unserer Intelligenz übergeordneten Planes, ist letztlich Geheimnis Gottes und ruht in seinem Wissen um den Sinn unseres Lebens und Leidens.

Ganz besonderes Feingefühl erfordert der Umgang mit Menschen, denen eine Diagnose ohne Hoffnung auf Genesung gestellt wurde. Behutsam gilt es, auf den momentanen Gemütszustand und auf die Einstellung des Patienten seiner

Krankheit gegenüber Rücksicht zu nehmen, denn es kann durchaus sein, dass der Betroffene diesem Urteil – oder auch dieser „Verurteilung“ – noch die Stirn bieten will und trotz allem seine Hoffnung nicht aufgibt. Für den Kranken gilt es nun den langen schmerzensreichen Weg vom „Warum ich?“ bis zum - wie es ein schwer Krebskranker ausdrückte - „Warum ich *nicht?*“ zurückzulegen.

Eine Frau, die an einem Seminar mit Tom teilgenommen hatte und – blond, strahlend und meistens in weiße Jeans und T-Shirt gekleidet – mir wie ein positives Licht in der Gruppe erschien, bat uns anschließend um eine Handauflegung. Auf die Frage, woran sie leide, zählte sie Krebsmetastasen in der Lunge, Leber und in den Knochen auf. Bestürzt blickten wir uns an, worauf sie lächelnd meinte: „Warum auch nicht? Einmal müssen wir alle sterben – und ich durfte doch sechzig werden!“ Die Einstellung dieser Frau beeindruckte mich tief. Keinesfalls darf ein Heiler oder Begleiter dem Schwerstkranken „endlich reinen Wein einschenken“ wollen, sich gar ein persönliches Erlebnis erhoffen oder ungeduldig darauf erpicht sein – so geschehen! – nun endlich einmal die angelesene Literatur auf dem Gebiet des Sterbens anwenden zu können. Die Sterbeforscherin Dr. Elisabeth Kübler-Ross[12] hat Wertvolles geleistet und mit ehemaligen Tabus gebrochen, aber nicht alle einen Sterbenden Begleitenden üben das Gelernte in Bescheidenheit und ausschließlich zum Wohle des Kranken aus. Solche Haltung entspringt dem Ego und hat mit einer den Schwerkranken stützenden, zurückhaltenden Zuwendung und warmherzigen Nächstenliebe, die in Demut und Stille spürbar wird, wenig zu tun. Sicher, es gibt Erkrankungen, die nach den bisherigen medizinischen Erkenntnissen tödlich sind. Dennoch sollte man gerade hier äußerst behutsam sein und dem Betroffenen sein „Prinzip Hoffnung“, wenn er sich daran festhält, nicht gewaltsam zerstören.

Nennen wir die Frau „Anna", von der ich berichten möchte. Sie kam zu mir mit einer Art Krebs, die als inoperabel und hoffnungslos gilt, und man hatte ihr dies auch gesagt. Warum man dennoch eine Chemotherapie nach der anderen einsetzte, ist schleierhaft. Anna hoffte dennoch, dass ein Wunder geschehen möge und kam regelmäßig zu mir, um sich die Last ihres Leidens von der Seele zu reden und die Hände auflegen zu lassen. Man hatte ihr nur noch sehr wenig Zeit gegeben, doch lebte sie noch weit mehr als ein Jahr darüber hinaus. „Es erscheint mir wie ein Wunder", sagte sie zu ihrer Ärztin und diese antwortete: „Es *ist* ein Wunder!" Anna schöpfte erneut Hoffnung, doch ein anderer Arzt rief sie zurück: „Aber Sie wissen, dass es in Ihrem Fall keine Heilungschancen gibt?!" Dies zerstörte ihren zarten Hoffnungskeim am Boden. Doch zäh und eigensinnig, wie sie war, kämpfte sie weiter. Erst wenige Tage vor ihrem Tod gab sie auf, klar im Geiste und bewusst. Leise, auf Zehenspitzen betrat ich das Sterbezimmer in ihrem Haus. Sie schlug die Augen auf: „Ich bin immer noch da!", sagte sie vernehmlich.

Ich setzte mich neben sie und sie fuhr fort: "Wie geht denn das ?"

Ich fragte: „Wie geht was?"

Ungeduldig meinte sie: „Das Sterben! Was muss ich denn tun? Jetzt *will* ich sterben und weiß nicht, wie das geht".......Nach einer Weile fügte sie hinzu: „Aber es ist gut so – denn eigentlich *muss* ich jetzt gar nichts mehr." Dann dämmerte sie wieder in ihren Betäubungsschlaf.

Anna starb wenige Stunden später zu Hause im Beisein ihrer Söhne. Sie hatte durch ihre Hoffnung bis fast zuletzt ihr Leben ausgeschöpft, gelebt und geliebt. Den Moment, in dem sie selbst sich zum Sterben entschlossen hatte und die „Wahrheit" zu ertragen bereit gewesen war, hatte sie selber gewählt.

Ich selber halte es so, dass ich dem Leidenden immer bis dorthin entgegengehe, wo er gerade steht oder auch stehen *will*, weil es für ihn so am erträglichsten ist. Dies kann innert Tagen wechseln. In Tagen der Hoffnung unterstütze ich diese ohne falsche Heilsversprechungen. Denn Wunder gibt es – zwar selten, aber es gibt sie. Und wie kann ich wissen, ob nicht gerade *der* Mensch, der mit einer allerletzten Hoffnung bei mir sitzt oder im Spitalbett liegt, derjenige ist, an dem Gottes Werke und Wunder offenbar werden?

Erst wenn ein Todgeweihter zum ersten Mal von sich aus nachgibt – nach meinen Erfahrungen oft erst etwa drei bis vier Tage vor dem Sterben – und er seinen Wunsch nach Erlösung oder seine restlose Erschöpfung zum Ausdruck bringt, nehme ich seine Resignation oder auch seinen Todeswunsch still entgegen. Dann beschränke ich mich darauf, ruhig und tröstend neben seinem Bett zu sitzen, hin und wieder seine Hand zu halten und die meine auf sein Herz oder die Stirn zu legen. Allerdings immer nur ganz leicht, wie die Berührung eines Schmetterlingsflügels und stets so, dass der Sterbende sich ohne Anstrengung wieder befreien oder durch kaum merkliche Anzeichen zu erkennen geben kann, dass er auch den leisesten Druck oder ein Festhalten als belastend empfindet. Meine Tante Hanny und meine Mutter baten mich beide auf ihrem Sterbebett: „Leg mir die Hand aufs Herz, das beruhigt." Anders als meine Tante nahm aber meine Mutter in ihrer Atemnot meine Hand alsbald wieder weg und niemals sollte ein Heiler oder Sterbebegleiter sich dem widersetzen. Auch übertriebene Geschäftigkeit wie allzu häufiges „Umbetten" und „Füttern" sollte bei einem Menschen, der bereit ist auf ewig einzuschlafen, möglichst unterlassen werden, es sei denn, der Sterbende gibt zu erkennen, dass er Durst oder Beschwerden hat. Es gilt bei Sterbenden, die kaum mehr Kraft zu Worten oder zum Ausdruck durch Gesten haben, auf die leisesten Zeichen zu achten, sich danach zu fügen oder sich darauf zu beschränken, einfach da zu sein und vertrauende Stärke auszustrahlen wie eine gütige Mutter oder ein liebevoller Vater beim kranken Kind. Ich glaube, danach sehnen wir uns ganz besonders, wenn unser Leben zu Ende geht. Gespräche über „Tod, Sterben und Jenseits“ können – (nur *auf Wunsch des Kranken!)* - durchaus geführt werden, doch gilt es auch hier, nicht „Wissen“ zu verbreiten – denn wer weiß schon wirklich? –, sondern ein stilles, unerschütterliches Urvertrauen in eine jenseitige Welt und einen liebenden, uns dort empfangenden Gott zu vermitteln, was auch mit wenig Worten ausgedrückt werden kann. Dieses Vertrauen wird auch den Kranken erfassen, es trägt ihn mit und beruhigt sein angstvolles Herz auf dem Weg in eine andere Daseinssphäre.

Haben wir einen geliebten Menschen verloren, bleiben wir zurück in unserem Trennungsschmerz, der Trauer und Einsamkeit. Eine Zeit der Verbundenheit mit ihm ist zu Ende gegangen. Vielleicht geschah es erst vor kurzer Zeit, vielleicht aber wurden wir vor langer Zeit verlassen und der Schmerz beginnt langsam abzuheilen und wird zu einer sehnsüchtigen Erinnerung an einen einmal geliebten Menschen. Erinnerungen können Freude bereiten, aber auch weh tun. Die Erinnerung an eine Zeit mit einem Menschen kann unser Herz mit süßer Sehnsucht erfüllen, aber auch mit Heimweh nach etwas Verlorenem. Heimweh nach einem geliebten Wesen, es kann ein Mensch, aber auch ein treuer Hund, eine zärtliche Katze oder ein anderes liebes Tier gewesen sein, dessen Dasein uns Heimat war. In unseren Herzen leben sie weiter, doch berühren, in den Arm nehmen, streicheln können wir sie nicht mehr.
Manchmal, so scheint es uns, ist es, als ob die Trennung nicht stattgefunden hätte: Es genügt ein Duft – der einer Lieblingsblume oder eines Parfums – und es ist, als ob dieses Wesen unsichtbar neben uns weilen würde. Es kann aber auch ein Musikstück sein, das man mit dem geliebten Menschen gemeinsam gehört oder

auch getanzt hat und schon scheint es uns, als ob die Zeit stillgestanden und der liebe Mensch nicht von uns gegangen wäre, ja, als ob er uns ein tröstendes Zeichen geben wollte – ein Zeichen der ewigen Verbundenheit über alle Grenzen hinaus. In solchen Momenten fühlen wir uns ihm ganz nah hier auf Erden und in uns erwacht ein vertrauendes Ahnen, dass es vielleicht auch in den himmlischen Sphären – wenn Gott will – ein Wiedersehen geben könnte.

Auch ich habe geliebte Menschen verloren und gehöre zu denjenigen, die daran glauben, dass sich Seelen in der Ewigkeit wiederbegegnen können. Ich möchte dazu etwas von meiner sterbenden Mutter erzählen, die an solche Dinge gar nicht glaubte und alle Gespräche darüber ablehnte. Und ausgerechnet sie, die niemals über den Tod sprechen wollte, gab mir durch ihre letzten Worte eine tröstende Bestätigung meiner Ahnung von einem Weiterleben unserer Seelen über den Tod hinaus unter der Obhut Gottes.

Als meine Mutter im Sterben lag, verbrachte ich während einer Woche Tag und Nacht an ihrer Seite. Sie war nur noch selten bei Bewusstsein, doch an ihrem letzten Lebenstag öffnete sie auf einmal weit ihre Augen und wollte mir etwas sagen. Ich beugte mich über sie und hörte, wie sie sagte: „Es wartet eine Seele....."
Darauf schloss sie ihre Augen wieder.

Meine Mutter wurde von einer Seele erwartet. War es wohl ihr geliebter Vater, von dem sie so oft gesprochen hatte? Oder war es ein Engel?

Wie zu Herzen gehend, wie tröstlich für uns waren doch ihre letzten Worte: Wir werden empfangen, wir werden umfangen von Liebe. Hatte meine Mutter wohl deshalb dieses leise Lächeln auf den Lippen, als ihre Seele entschwebte in jenes unbekannte Reich der göttlichen Ewigkeit?

Geist, Sinn und Seelenheil

Viele Menschen haben mir schon überzeugend Begegnungen mit den Seelen Verstorbener oder auch mit unbekannten Geistwesen geschildert, die ihnen zumeist in Zeiten einer großen Erschütterung erschienen waren. Ich spreche hier nicht von Fantastereien abgehobener Esoteriker, sondern von Menschen, die sehr vernunftbetont sind und an solches sonst nicht glauben. Doch was ist Seele? Was ist Geist? Ich möchte mir nicht anmaßen, dies zu wissen und belegen zu können, doch glaube ich aufgrund meiner Erfahrungen etwas davon zu ahnen. Wissen können wir es alle erst, wenn wir unseren Körper verlassen haben – und selbst das ist nicht gesichert.

Mein „ahnendes Wissen" sagt mir, dass es die Seele ist, die unser Ich ausmacht, und der Körper ihr Tempel ist, ihr Gefäß, in dem sie während dieses Erdendaseins wohnt. Alle - Körper, Seele und auch Verstand oder unser Intellekt und Denken - sind untrennbar miteinander verbunden und sollten demselben Zweck dienen: Gut – besser – vollkommen zu werden. Das aber, was ihnen Leben einhaucht und alle – Körper, Seele und Verstand - dazu befähigt, ihre Aufgabe zu erkennen, das, was sie verbindet und durchdringt, ist – Geist. Ein Stück des göttlichen Geistes, von ihm geliehen zur Sinnerfüllung unseres Daseins. Die Verschmelzung unserer persönlichen Seele – unseres Ichs – mit unserem von Gott geschenkten Geist macht unser lebendiges Selbst in seiner Ganzheit aus auf dem Weg unserer Wanderschaft durch dieses Erdenleben. Die Augen bestimmter Menschen haben einen „beseelten" Ausdruck, andere wieder, in Momenten des emotionalen Aufruhrs, können uns völlig „entgeistert" anblicken. Unsere Seele und unser Verstand sind auch empfänglich für „Be–geisterung" oder „Geistesblitze". Es gibt „geistreiche" Menschen und solche, die von „allen guten Geistern verlassen“ zu sein scheinen, wenn sie im Begriff sind, etwas für andere Unverständliches zu tun, was sowohl in ihrem Gefühl – der Sprache des Herzens – wie auch in ihrem Verstand seinen Ursprung haben kann.

Aber nicht nur Seele und Geist verhelfen dem Körper zum Leben, Leiden und Lieben – umgekehrt dient unser Körper auch der Seele, dem Geist und dem Verstand als Gefährt, um sich in dieser irdischen Schule zu bewegen und weiterzuentwickeln. So glaube ich, dass unsere Seele schon *vor* der Entstehung unseres Körpers bereit war, diesen zu bewohnen, und ich glaube auch, dass sie, nachdem sie unseren Körper verlassen hat, in anderen Gefilden weiterlebt, weiterlernt und weiterwirkt in neuen Aufgabenbereichen, mit denen der Schöpfer sie betraut. So ist der Körper Materie, Gefäß, erd- und zeitgebunden. Die Seele und der Geist aber überwinden Zeit, Raum und Grenzen. Unserer Seele wird dieser Körper auf eine von Gott vorgegebene Zeit geliehen, um bestimmte Aufgaben zu erfüllen, die nicht nur einem Selbstzweck dienen, sondern verbunden sind mit dem großen Netzwerk seiner anderen Kreaturen. Ich glaube, dass es eine göttliche Vorbestimmung gibt, was die Aufgabe eines jeden Menschen und seinen für ihn vorgesehenen Entwicklungsprozess anbetrifft. Der Sinn dieser Schulung, der Sinn des Leidens, ohne das ein spirituelles Wachstum und der Weg zur Erkenntnis nicht möglich zu sein scheinen, liegt aber im übergeordneten Wissen der göttlichen Allmacht, die uns führt, die fügt und uns dereinst wieder in ihrer unbeschreiblichen, überirdischen Liebe umfängt und aufnimmt. Es ist auch nicht eine Frage des Intelligenzquotienten, wie weit ein Mensch Einsichten erfassen und sich das Himmelreich verdienen kann, bin ich doch immer wieder Menschen begegnet, die einfachen oder gar rückständigen

Verstandes waren und doch voller Güte und tiefer Lebensweisheit.
Auch wehre ich mich gegen den Begriff „Geisteskrankheit“ oder „geistig“ Behinderte. Kann Geist überhaupt krank sein? Der Intellekt oder Verstand mag stumpf oder verwirrt sein, man mag sich nicht „geistreich“ ausdrücken können, aber kann dennoch durch den heiligen, göttlichen Geist zu Großartigem oder tief Berührendem inspiriert werden. Ein Mädchen mit Downsyndrom, früher „mongoloid“ genannt, schrieb Tagebucherinnerungen mit so viel Gefühl und von solcher Poesie, dass mir beim Lesen die Tränen in die Augen stiegen vor innerer Bewegung. Dasselbe Mädchen, inzwischen zur jungen Frau geworden und in einem Wohnheim arbeitend, sah ich vor nicht allzu langer Zeit in einem großen Warenhaus zusammen mit ihrem ebenfalls „intellektuell behinderten“ Freund. Dabei wurde ich Zeugin einer rührenden Szene, ohne dass sie mich bemerkten. Sie standen unten an einer steilen Rolltreppe und ich hörte, wie er sagte, dass er sich ängstige auf diese sich rasch nach oben bewegende Treppe zu steigen. Da fasste die junge Frau ihn an der Hand und sagte mit fester Stimme:
„Komm nur – zusammen schaffen wir es!“ Und schon glitten sie von gemeinsamem Vertrauen getragen nach oben.

Selbst bei Schizophrenie oder bei Psychosen betrachte ich den *Geist* nicht als krank, sondern lediglich den *Verstand* als hochgradig verwirrt, wenn auch das nur zeitweise. So schilderte mir eine Betroffene *nach* einem schweren psychotischen Anfall, dass die „Stimmen“, die ihr dies und jenes zu tun „befohlen“ hatten, ihre eigenen angstverzerrten Gedanken gewesen waren und sie das im Nachhinein selbst als „irr“ bezeichnen würde. Deshalb wären auch bei solchermaßen unglücklich Leidenden verständnisvolle Ansprech- und Betreuungspersonen so überaus segensreich, die sie durch eine solche Phase durchtragen würden, welche die Betroffenen bis hin zum Suizid ängstigen kann. Ich spreche betont von mehreren Helfern, da eine einzige Person bei akuten Verwirrungs- und Unruhezuständen überfordert wäre. Auffallend ist, dass solchermaßen Betroffene oft außergewöhnlich intelligent oder künstlerisch hochbegabt sind und „dazwischen" sogar Überdurchnittliches leisten können. Jede emotionelle Erschütterung kann bei diesen übersensiblen Menschen jedoch einen neuen Schub auslösen.

Meine „Traumklinik" würde nicht nur in die Materie eingeführte freiwillige Helfer miteinbeziehen, sondern auch sanfte Bewegungstherapien, Homöopathie, die Heilkraft des Wassers und eine völlig andere Ernährung, gestützt auf die Erkenntnisse von Dr. Richard Mackarness, Dr. Theron G. Randolph[13] und der deutschen Ärztin Dr. Anne Calatin[14]. Heiler und Heilerinnen, welche sich durch Güte und liebevolle Zuwendung und nicht durch missionarischen Eifer auszeichnen, hätten Zugang. Weltoffene Seelsorger würden den Kranken ohne Bekehrungsversuche zur Seite stehen. Kunsttherapie, in der besonders psychisch Leidende, aber auch Krebs- und andere Kranke ihre Fantasien und Probleme ausdrücken könnten, wäre von größter Bedeutung und ebenso die Lehren der Sinn vermittelnden Logotherapie nach Dr. Viktor Frankl, eines Psychiaters, der wusste, was Leiden heißt, hatte er doch das KZ überlebt und seine Therapie anfangs zur Selbsthilfe entwickelt.

Wäre ich selbst immer kerngesund gewesen, dann würde ich heute nicht als Heilerin anderen Menschen die Hände auflegen. Hätte nicht auch ich gelitten und verzweifelt nach Heilung gesucht, hätte nicht auch ich Schläge einstecken müssen und mich nach dem Sinn meines Lebens gefragt, wüsste nicht auch ich um den Schmerz der Seele und des Körpers – wie sollte ich die Menschen denn verstehen, die mich aufsuchen? Genauso wie die Menschen, die jetzt Hilfe suchend in den Bankreihen unserer Kirche warten und in ihrer Verzweiflung ihre letzte Hoffnung auf etwas Geheimnisvolles richten – genau in dieser Lage war ich ja selbst. Ich sehe es als Gnade und Vorsehung an, dass Gott mir die Kraft schenkte, mit meinen zum Teil genetischen Schwächen leben zu lernen. Auch dass er mir die Gabe verlieh, eine Antwort auf die Sinnfrage zu finden, was bewirkt, dass ich mitfühlen – oder mehr noch, *nachfühlen* – und etwas von meiner Sinnfindung tröstend weitervermitteln und säen kann. Längst habe ich erkannt, dass es der Sinn meines Körpers nicht war „heil" zu sein, denn er hat gerade durch seine Krankheiten meiner Seele geholfen sich weiterzuentwickeln. Viel Leid, viel Zeit und Geduld waren dazu nötig, doch heute möchte ich keine Erfahrung mehr missen und Gott war auch immer wieder gut zu mir, oft dann, wenn ich es am wenigsten erwartete. Eine Frau, die mich vor Jahren in der Elisabethenkirche aufsuchte – damals in ihrer Persönlichkeit eine zertretene, geknickte Person und inzwischen zu einer strahlenden Blüte entfaltet – erinnerte mich einmal: „Wissen Sie noch, was Sie mir am Anfang sagten, als ich in meiner Lebenssituation keine Lösung sah?" Ich verneinte. Die Frau lächelte: „Sie sagten zu mir: Gott ist immer für eine Überraschung gut!"

Es stimmt, oft genug habe ich das selbst erfahren und seither beziehe ich, auch als Trost für andere Menschen - wenn man *alles* in Erwägung zog und *alle* Prognosen hoffnungslos sind - immer noch den großen „Faktor Unbekannt" mit ein: Gottes Überraschungen und Wunder. Ich hatte erkannt – wie schon Sören Kierkegaard, der große dänische Philosoph und Theologe – , dass es im Leben gilt, darauf aufzupassen, wann das *Stichwort* für einen kommt. Fügungen, Zeichen, Stichworte fallen uns zu, sind also „Zu-fall" – aber es gilt auch *wachsam* oder buddhistisch gesprochen *achtsam* durch das Leben zu gehen, damit wir sie nicht übersehen und verpassen. Ich möchte an das „Innehalten“, an die besonnene Langsamkeit erinnern in der heutigen hektischen Zeit. Man sollte sich mehrmals während des Tages kurze Momente der Besinnung gönnen, der Be-*Sinnung*. Geben wir unserem Tun einen Sinn. In meinen Seminaren verwende ich in einer Meditation dafür das Bild der Schnecke: Langsam aber stetig bewegt sie sich vorwärts und doch ist sie wach und aufmerksam wie kaum ein anderes Tier. Sie geht immer mit den Fühlern voran. Ist sie unsicher oder droht Gefahr, kriecht sie für Momente in ihr Schneckenhaus, be-sinnt sich, streckt nach einer Weile der Besinnung ihre sensiblen Fühler wieder hervor und setzt ihren Weg be-sonnen fort.

Wie die Schnecke sollten wir unsere Fühler schulen und uns vermehrt in *Geduld* zu üben suchen. Es gilt, unsere innere Wahrnehmung zu sensibilisieren und auf unser Stichwort zu horchen. Und dieses Stichwort muss nicht aus dem Mund eines Heilers, Pastors, Mediums oder Gurus kommen. Horchen wir auch auf die einfachen Menschen, denen wir im Alltag begegnen, die aus dem Herzen sprechen, oder achten wir doch einfach auf die Zeichen in unserem Leben, sowohl die Chancen, die sich bieten, wie auch auf etwas, das im Moment wie ein Ärgernis erscheint – alles hat seinen Sinn, wenn er auch zumeist erst viel später erkannt wird. Auch dies hat seinen Grund: Gäbe man uns die Antworten sofort, würden wir uns nicht anstrengen und alsbald aufhören zu lernen, die Zusammenhänge nicht zu erkennen suchen und unsere Seele würde auf ihrem bisherigen Entwicklungsstand stehen bleiben. Als ob ein Lehrer uns bei Schularbeiten die Lösung gleich mitliefern würde. Eine junge Französin hörte mir aufmerksam zu, als ich ihr das erklärte, schüttelte dann aber den Kopf und meinte verlegen: „Isch fürschte, isch bin keine gute Schnecke... “ Ja, die härteste Lektion für uns alle ist wohl die Geduld!

Wenn wir uns nach dem Seelenheil sehnen, müssen wir uns zuerst fragen, was denn unsere Seele *un*heil macht. Ich möchte von meiner Annahme ausgehen, dass die Seele schon Erfahrungen aus ihrer Präexistenz mitbringt, jedoch dieses Erdenleben als neugeborener Mensch in einem Zustand der Reinheit betritt und – noch – unverletzt ist. Das *Ur*vertrauen ist noch heil, die Erinnerung an die Geborgenheit in der Wärme des mütterlichen Leibes noch da. Die Liebesfähigkeit, das absolute Vertrauen in das erste Du – die Mutter – ist noch unversehrt. Ihre liebend das kleine Wesen umfangenden Arme, ihre weiche Brust bedeuten Sicherheit und Heimat. Doch ist auch die Mutter nur Instrument und dazu geschaffen, einer neugeborenen Seele in diesem Leben zu ihrer Entfaltung zu verhelfen. Im Leben, dieser Schule, in der wir durch Freude, aber oft auch durch schmerzhafte Lektionen zu innerem Wachstum, zu einer Transzendierung unseres Selbsts, zu überirdischem Wohlbefinden, zu Gott finden sollen. Zu ihm, der uns über diesen Zustand der unbedarften, kindlichen, körperbezogenen Abhängigkeit hinausheben will zu Reifung, zu Wachstum und Erkenntnis, zu Weisheit, zur Rückkehr in das Reich seiner Liebe. Einer Liebe, die den Tod der Mutter und auch den unseres eigenen Leibes überdauert auf dem Weg zu unserer Vervollkommnung. Nicht alle Neugeborenen aber haben eine liebende Mutter oder einen treu sorgenden Vater, denn die Welt ist voll von ausgesetzten, misshandelten, hungernden und krank geborenen Kindern. Ihre Seele erfährt das Unheilsein vom Moment des ersten Atemzuges an. Wieder andere Kinder werden durch „alltägliche" Leidenserfahrungen verletzt und auch ihre Seele fällt alsbald aus ihrem heilen Zustand heraus. Das kann durch eine angeborene körperliche Schwäche sein, eine Missbildung, welche das Kind von anderen absondert, die Eifersucht eines Geschwisterchens, zu große Umsorgung oder auch Vernachlässigung durch die erste Bezugsperson.

Vernichtende Kritik an einer kindlichen Seele kann dazu führen, dass der Mensch als Erwachsener Störungen in seinen Beziehungen erfährt. Aber auch Liebesentzug, Schulversagen und Strafen können zu Minderwertigkeitskomplexen, Sinnlosigkeitsgefühlen, zum Versagen im Beruf oder gar zur Drogenabhängigkeit führen. Viel später, auf der Suche nach dem einmal gekannten und verlorenen Urgefühl, kann eine Verletzung durch einen anderen Menschen, der das Vertrauen missbraucht und den man liebt, einen *Ur*vertrauensbruch erzeugen, - das Herz brechen lassen. Es zerbricht vor Schmerz. Die Seele ist krank, quält sich mit abhanden gekommenem Selbstvertrauen, der Mensch zweifelt an sich und allem, das Urvertrauen ist zerstört, das Gottvertrauen in Frage gestellt, die Seele ist *unheil* geworden.

Was aber führt nun die gekränkte Seele wieder zum Heil? Ich spreche hier an dieser Stelle als Heilerin, als Dienerin an diesem Gesund- und Heilwerdungsprozess. Geduldig gilt es jetzt, Schritt für Schritt den umgekehrten Weg zu gehen. Sanft muss der gekränkte Mensch nicht nur durch die Handauflegung wieder in eine vertrauensvolle Beziehung hereingeholt werden - auch seine Seele muss liebevoll angenommen werden und mit der unendlichen Geduld einer verständnisvollen Mutter zuerst angehört und dann wieder zu ihrem Selbstwertgefühl geführt werden. Es gilt, dem Gekränkten wieder Vertrauen in seine eigenen Stärken zu vermitteln und ihm seine ureigensten Gaben, Talente und die Schönheit, die ihn auszeichnen, aufzuzeigen und sie zu fördern. Jeder Mensch, ohne Ausnahme, ist eine unvergleichliche Schöpfung Gottes und hat irgendwo seine besondere Schönheit. Ich sehe es als meine Aufgabe als Heilerin, ihn darauf aufmerksam zu machen und dem Leidenden Erkenntnisse zu vermitteln, die ihn den Weg zum Selbst-, zum

Urvertrauen und schließlich zum absoluten Geborgenheitsgefühl im Gottvertrauen wieder finden lassen. Selbstverständlich gilt es auch hier behutsam vorzugehen und weder einen Depressiven, noch einen Menschen, der beispielsweise soeben erst von seiner Krebsdiagnose erfuhr, vorschnell mit Sinnbeantwortung zu berieseln. Hier ist es angezeigt – wie bei dem Kranken mit der hoffnungslosen Diagnose – vorerst schlicht Stärke, Zuversicht und Vertrauen auszustrahlen. Wie ein Sämann – ich sehe das berühmte Bild von Vincent Van Gogh, dieses ebenso gequälten wie auch göttlich inspirierten, begnadeten Malers vor mir – heißt es für den Heiler die Samen zu streuen, wenn ihn ein am Boden zerstörter Mensch aufsucht. Bei manchen Menschen sprießt schon bald wieder zartes Grün, die Seele entspannt sich, heilt und findet wieder zurück zum Selbst- und Urvertrauen. Bei anderen stößt man zuerst an eine Wand von vorangegangenen Enttäuschungen. Es gilt hier, diesen Menschen ihre persönliche Freiheit zu lassen und ohne jeglichen Druck Möglichkeiten eines weisen göttlichen Planes aufzuzeigen, der ihm Gelassenheit schenken kann in der Gewissheit, dass nicht alles in seiner menschlichen Macht liegt und dass es gerade *der* Mensch sein kann, der uns am tiefsten verletzte, welcher uns dadurch in unserer Entwicklung am meisten weiterhilft. Unsere Aufgabe ist es lediglich, diesen Samen zu säen; jedoch die Wärme des Sonnenstrahls, das belebende Nass des Regens zu erzeugen, unter denen die Saat zum Sprießen kommt, liegt in anderen, viel mächtigeren Händen als den unseren. Die restliche Aufgabe ist der Bereitschaft des Empfangenden und der Führung Gottes zu überlassen. Und wenn aus der Saat nur *ein* Samenkorn nach anfänglicher Dürre überlebt, war es den Einsatz wert. Vielleicht erst viel später im Leben wird dieser Mensch in eine Situation geführt, in der er sich daran erinnert und sein Selbst neuen Dimensionen öffnet.

Ein Mann, der zu mir, an einer unheilbaren und fortschreitenden Krankheit leidend, mühsam an zwei Stöcken in die Kirche kam, formulierte es so: *„Immer, wenn ich vor lauter Schmerz den Draht zu Gott verliere, komme ich zu Ihnen, damit Sie mich wieder mit ihm verbinden.“*

Und noch einmal sei Dr. Viktor Frankl zitiert: *„.......das Ziel der Religion ist das Seelenheil – indem sie dem Menschen eine Geborgenheit und eine Verankerung sondergleichen ermöglicht, die er nirgendwo anders fände, die Geborgenheit und die Verankerung in der Transzendenz, im Absoluten.“* [15]

Die Blume meines Glaubens

Einige von uns Menschen werden von Gott mit besonderen Gaben bedacht. In seiner unermesslichen Weisheit verteilt er seine Gnadengaben an Einzelne mit besonderer Absicht zum Wohle der ganzen Menschheit. Die grandiosen Werke von Mozart, Beethoven, Bach, Goethe, Shakespeare, Michelangelo oder Van Gogh wären ohne die von Gott in ihre Wiege gelegten Talente nicht entstanden, um nur einige der größten Genies zu nennen. Aber auch die Arbeit von Albert Schweitzer oder der Mutter Teresa und unzähliger unbekannter Menschen wäre nicht ausgeführt worden, wenn nicht durch Gottes weise Voraussicht und seine Verleihung der Gaben an sie. Wenn ich Bachs h-Moll-Messe höre – ohne den eingehauchten Geist Gottes würde man bei einem solchen Werk nicht erschauern und es bliebe bloße Berechnung der Takte und mathematische Komposition der Töne. Beim „Agnus Dei“ werde ich von dieser Musik noch jedes Mal in meinem tiefsten Inneren aufgewühlt. Aber auch durch die Botschafter der heutigen Zeit und ihre Ausdrucksformen kann das göttliche Geheimnis in der Kunst unser Herz berühren. Jesus einsame Klage neben seinen schlafenden Jüngern in Gethsemane im Musical „Jesus Christ Superstar“ bewegt mich jedes Mal schmerzlich, ebenso wie bestimmte Melodien moderner Popmusiker. Kein Künstler kann Ergreifendes schaffen ohne die ihm von Gott verliehene Gabe und den Moment der Inspiration, in dem der Schöpfergeist ihn zum Entstehenlassen einer Melodie, eines Bildes oder einer Dichtung beflügelt. Das leuchtendste Beispiel für eine ganz besondere Gnadengabe ist wohl Jesus von Nazareth, von Gott erwählt, um durch ihn – Christus – zu den Menschen zu sprechen. Ich selber bezeichne mich als Christin, selbst wenn ich anderen Glaubensbekenntnissen offen begegne, einzelne Elemente davon mich überzeugen und sie in meinem Glauben auch ihren Platz haben. Nichts davon wurde mir „aufgepredigt“, alles, was ich vertrete, beruht auf Erfahrungen *meines* Lebens und meiner eigenen Religiosität, die spirituell ausgerichtet ist. In einer Umfrage in siebzig protestantischen Gemeinden der Schweiz antwortete die Mehrheit der Befragten im Jahre 2003, sie erwarte vom Engagement der Kirche „überhaupt nichts“. Daran anschließend wurde aber unmittelbar der Wunsch nach mehr „Offenheit und Toleranz“ geäußert. Ich bin überzeugt, dass wenn man dem Folge leistete, sich auch die erste Antwort ändern würde. Wir von der Offenen Kirche Elisabethen werden selten mit harscher Kritik konfrontiert, denn unser Einsatz und der Zuspruch unserer Gäste scheinen für uns zu sprechen, doch *wenn* Angriffe erfolgten, dann kamen sie ausgerechnet von – Christen. Mein Engagement in unserer Kirche und mein gelebtes Christentum als Heilerin wurden schon kritisiert, weil ich nicht die Sündenvergebung und das Predigen des Evangeliums in den Vordergrund rücken würde. Aber tue ich das nicht doch, indem ich den Menschen ein Gespräch anbiete, bei dem Gott zuhört? Gott, der Einzige, der einem Menschen seine Sünden letztlich vergeben kann. Und schimmert nicht die Lehre Jesu Christi in diesen Gesprächen mit den Hilfe Suchenden und auch in diesen meinen Aufzeichnungen immer wieder durch - in aller Freiheit? Genügt es nicht, dass ich mich betend für die Leidenden an Gott wende und mit ihnen glaube, liebe, hoffe? Gott hat mich so oft erhört! Viele Menschen erhoben sich nach der Handauflegung durch unser gemeinsames stummes Hinwenden zu Gott aus dem Staube ihres Schmerzes und Zweifels und fanden, versöhnt und voller neuen Vertrauens, wieder zum Glauben. Hat Jesus je Bedingungen gestellt, bevor er Menschen heilte? Er nahm sich aller an, so wie sie waren, Huren, Söldnern und Verbrechern. Manch einer ging verwandelt weiter, nachdem er ihm begegnet war. Er lebte vor, was wahre Liebe ist, und er bezahlte für seinen Glauben mit seinem Leben. Jesus ist deshalb ein solch überzeugendes Beispiel, weil er auch *Mensch* war, zwar in höchstem Masse göttlich inspiriert, doch so sehr durch und durch Mensch, dass er am Kreuze schrie in höchster Not, wie auch wir schwachen Erdenbürger. In seiner *Auferstehung* sehe ich Gottes Botschaft an uns – auch wir werden auferstehen und unsere Seele wird weiterleben, ein ungemein schöner Trost, der uns die Angst vor dem „Totsein" nehmen sollte.

Zwang jeglicher Art blockiert den Atem eines Menschen und erzeugt kein echtes Wachstum aus seinem Herzen heraus. Es erinnert mich an ein Spiel, das ich bei kleinen Kindern beobachtete, die sich die Zeit vertrieben, indem sie im Frühsommer die Knospen der sich gerade entfalten wollenden Blüten gewaltsam öffneten und so das natürliche Erblühen der Blume zerstörten.

Ich glaube an einen Keim der Religiosität, der im Samenkorn eines jeglichen Menschen angelegt ist. Das Gewissen ist seine Sprache, obwohl das natürliche Gewissen durch falsche Erziehung - Drohungen und Angstmachen vor Strafe oder auch durch Vorbilder in verbrecherischem, gewissenlosem Handeln - verzerrt, erstickt oder sogar zum erdrückenden Gespenst gemacht werden kann. Den Keim der Religiosität zu wecken, zu begleiten und zur Entfaltung zu bringen, ist gewiss notwendig und gut – doch die wahre Blume des Glaubens erblüht nur aus dem Urgrund unseres Herzens. Dort bleibt sie unauslöschlich verwurzelt, wankt selbst bei Stürmen kaum und richtet sich immer wieder auf. Alles andere, insbesondere jede Druckausübung hat keinen Bestand und lässt sie welken, sobald ein *noch* charismatischerer Guru als der vorherige es zu sein schien, daherwandelt und *noch* faszinierendere Lehren verkündet. Auch Albert Schweitzer erkannte: *„Es kommt fast für jeden Menschen der Augenblick, wo* *die übernommene und angelernte Religion von ihm abfällt wie der Mörtel von der Wand. Erziehung, Haus und Familie, religiöses Milieu, alles kann nichts helfen, denn es muss so kommen, damit der Mensch er selbst wird."*[16] Dennoch nehme ich jeden Glauben ernst, der einer anderen Richtung angehört, wenn ich spüre, dass er einem Menschen dieselbe Geborgenheit schenkt wie mir der meine und er dem Guten zugewandt ist.

Wenn ich einem Kranken die Hände auflege, tue ich dies ausschließlich im Sinne des heilenden Christusgeistes. Die Angst bestimmter Menschen, dass man die guten und die schlechten Geister nicht voneinander unterscheiden könne, da sie gewissermaßen „verkleidet" daherkommen könnten, wurzelt meines Erachtens in einem Mangel an *absolutem* Gottvertrauen. Doch wahrlich, „Gott–sei–Dank" werden solche unsicheren Stimmen nur selten laut und unsere Hilfe Suchenden sprechen eine deutliche Sprache, wenn sie das Bedürfnis verspüren an uns oder an Zeitungen zu schreiben, wie beispielsweise der Geschäftsmann mit der „unheilbaren" Narbe, den ich schon erwähnte: *„Ich kam, auf Drängen meiner Frau, am Stephanstag 1996 erstmals in die Elisabethenkirche nach Basel, schwer krank, mit dem einzigen Wunsch, möglichst bald zu sterben. Heute bin ich, wie früher, wieder ein positiv denkender, lebensfroher Mensch, der beruflich seine Verantwortung als Leiter eines mittleren Unternehmens mit vollem Engagement wahrnimmt und auch privat die schönen Seiten des Lebens dankbar genießt. Dazwischen liegen einige Kontakte mit Heilerinnen in der Elisabethenkirche. Eine ganz wesentliche gesundheitliche Besserung ist ärztlich nachgewiesen. Diese Schilderung nur, um zu zeigen, dass ich weiß, wovon ich rede.*

Es ärgert mich nämlich, einem Leserbrief entnehmen zu müssen, dass die segensreiche Tätigkeit der Heilerinnen in Frage gestellt wird von Leuten, die einen solchen Heilungserfolg nicht an sich selbst, oder mindestens in ihrem nächsten Umfeld, erlebt haben. Diese Menschen sollten sich eigentlich einer Stellungnahme enthalten und schon gar nicht den Namen Jesu missbrauchen, um ihre unberechtigten Vorurteile und Zweifel zu „begründen". Wie, wo, warum und in wessen Namen eine Heilung geschieht, ist ohne jede Bedeutung und braucht nicht hinterfragt zu werden. Dass sie geschieht, ist für den kranken Menschen das einzig Wesentliche. Dabei ist unbestritten, dass eine solche Heilung ohne die Hilfe einer übergeordneten, gütigen und barmherzigen Macht undenkbar wäre. Einen Namen oder eine genaue Beschreibung braucht diese Macht aber nicht. Wichtig ist nur, dass es sie gibt und dass man an sie glaubt."

Oder auch die an den „Kirchenboten" gerichtete Zuschrift einer Frau aus Deutschland, die selber als Krankentherapeutin für Ärzte arbeitet:

„Durch eine wunderbare Fügung kam ich vor etwa zwei Jahren mit der Elisabethenkirche in Berührung. Seither wandelt sich mein Leben in vielen Bereichen zum Positiven. Durch den kostenlosen Einsatz der Heilerinnen – ich würde es als Liebesdienst *bezeichnen – und die Heilungsgottesdienste kam ich nach fünfundzwanzig Jahren Abkehr wieder mit einer Kirchenform in Berührung, wie es der heutigen Zeit, der intensiven Suche nach Sinn entspricht. Seit der Reformbewegung von Cluny ist dies ein Versuch, im Auftrag des Christentums geistiges und körperliches Wohl zu verbinden.*

Die hohen Besucherzahlen und die große Resonanz sprechen eine klare Sprache. Sie in der Schweiz können stolz auf ein derartiges Angebot sein!"

Berührend zusammengefasst hat unser Tun auch ein schwer kranker Mann mit folgenden Zeilen:

„Für mich ist die Elisabethenkirche eine heilige Stätte und ich glaube auch fest an die Verheißung Jesu, dass wo zwei oder drei in seinem Namen zusammen sind, er unter uns ist. Deshalb kann ich auch bei Ihnen frei und ungehemmt meine Nöte vorbringen. Niemand außer Ihnen und Ihren Helfern kann nun besser verstehen, dass ich überaus erfreut bin, an mir selber erfahren zu haben, wie Gottes Kraft durch Ihr Gebet und durch Ihre Hände in mir Großes gewirkt haben. Ihm sei Lob und Dank und Ihnen, da Sie sich in seinen Dienst stellen für uns Hilfe Suchende."

Ich selbst bekenne mich zum Christentum, so wie ich es verstehe. Ich anerkenne und verehre Jesus Christus und seine Lehren als unser aller Vorbild. Ich bete zu Gott, unserem Vater. Dennoch würde ich niemals meinem muslimischen Schwiegersohn begegnen, ohne seinen Glauben zu achten. Mit echter Nächstenliebe und Respekt vor dem Andersartigen könnten wir alle mit unserem persönlichen Glauben in Frieden nebeneinander leben, solange wir dem Guten zugetan sind. Ich selbst fühle mein Herz manchmal heiß überfließen vor Liebe zu Gott, finde diese Liebe aber selten schöner ausgedrückt als in den Gedichten von Maulana Dschelaleddin Rumi, dem großen islamischen Mystiker. Auch hatte ich schon immer gläubige jüdische Freunde und Freundinnen. Überzeugt bin ich ohnehin, dass wie auch immer wir die große Kraft nennen, die uns erschuf – wir dereinst alle demselben heiligen Mysterium begegnen werden. „Name ist Schall und Rauch", das erkannte schon Goethe. Dennoch war es für mich eine der schönsten Anerkennungen für mein zwangloses Bemühen, Menschen den Weg zum Glauben zu weisen, als mir nach einem Kurzseminar in Berlin, anlässlich der Internationalen Konferenz für Geistiges Heilen 2001, ein Mann sagte: „Sie haben mir Gott nähergebracht."

„Du sollst dir weder ein Bildnis noch ein Gleichnis machen“, heißt es weise in der Bibel. Es wäre auch vergeblich, dies über die Logik des menschlichen Gehirns zu versuchen. Am nächsten erfasst diese Geisteskraft des Guten unsere Herzensintelligenz, das Erspüren, Erfühlen. Wie sagte doch Goethe: *“Und wenn Ihr's nicht fühlt, Ihr werdet’s nicht erjagen.“*

Zum Wesentlichen meines christlichen Glaubens gehört auch für mich das Unser Vater-Gebet.
„Unser Vater“: Ich sehe in ihm nicht den zornigen, eifersüchtigen, rächenden Gott, der so vielen Kindern (oft als traurige „Erziehungshilfe“!) als Schreckensbild vorgehalten wurde, sodass sie sich später als traumatisierte Erwachsene vom Glauben abkehrten. Für mich ist er der unendlich verstehende Geist des absolut Guten – barmherzig, nachsichtig, gütig, liebend, uns leitend, uns führend zu unserer Erlösung, fügend in guten wie in schweren Tagen. *Letztendlich* alles zu unserem Besten bestimmend, zu unserer Läuterung und Reinigung auf dem Weg zur Vollkommenheit, wo kein Leid mehr existiert, nicht mehr existieren muss, da wir „gut“ sind, es geworden sind, vielleicht nach unendlich vielen Existenzen in irdischen Körpern oder als Seelenwesen in seinen himmlischen Sphären.

Wie ergreifend, wie weise, wie allumfassend ist doch das Vaterunser, wenn wir es aus unserem Herzen sprechen und an unseren Schöpfer - *„der du bist in dem Himmel“* - richten. Im göttlichen Himmel, der sich unserem Versuch, dieses geistige Gefilde mit unserem Verstand zu umreißen, entzieht – aber für uns erfassbar wird in Momenten der Andacht oder der Glückseligkeit, beim Anhören einer Musik und beim Betrachten des Bildes eines beg*nade*ten Künstlers. Erfühlbar auch im religiösen Einklang mit Gott während des Gebets, beim Erwachen der Natur im Frühling oder in der Begegnung mit einem geliebten anderen Menschen, wenn Seele und Geist sich finden im „Erkennen“. Der Himmel ist nahe in der Liebe und im Mitgefühl – wenn Gott spürbar wird in nächster Nähe, in unserem Herzen.

Weiter heißt *es: „Geheiligt werde dein Name“,* was die Achtung und Erfurcht vor der Größe Gottes ausdrückt. Die Achtung vor der Größe dieser Allmacht und den Mut, ohne Zwang auf andere auszuüben, von Gott zu sprechen. In Momenten des Glücks in Demut zu danken, ihn zu lobpreisen, zu ehren, keinen Missbrauch zuzulassen und gegen Lästerung einzuschreiten. Ehrfurcht zu haben ohne „Furcht“, sondern mit einem Gefühl verehrenden Vertrauens.

„Dein Reich komme“, bitten wir und brauchen ihm doch nur unser Herz zu öffnen, um ihn Einzug halten zu lassen, denn sein Reich *ist* in uns, um uns, unter uns und über uns, jederzeit bereit, von uns bewohnt zu werden. Wir sind es, die unterwegs sind zu ihm. Jeder Tag, jede Stunde, jeder Moment birgt die Möglichkeit in sich, uns ihm zuzuwenden, in sein Reich zu kommen, nicht irdisch, sondern geistig, wovon auch Jesus sprach, als er sagte: *„Mein Reich ist nicht von dieser Welt.“* - *„Dein Reich komme“* drückt unser tiefes Sehnen, unseren Wunsch, unsere Hoffnung nach Geborgenheit aus, nach dem Urvertrauen, nach seinem Schutz. Sehnsucht nach unserer Ur- und unserer endgültigen Heimat, nach der Erlösung, lässt uns diesen Wunsch aussprechen, das Heimweh nach der Rückverbindung mit dem Göttlichen und der Auflösung im absolut Guten.

Wenn wir beten: *„Dein Wille geschehe“,* drücken wir unser tiefes Gottvertrauen aus, denn *sein* Wille soll geschehen, nicht unser kleiner menschlicher, der unserem irdischen, begrenzten

Ego entspringt. Nur *dein* Wille geschehe, da nur du Gott das kennst, was für meine Entwicklung wünschenswert ist. Dazu gehört nicht nur Glück, Besitz, Sicherheit, Gesundheit, sondern dazu gehören auch Prüfungen, Entbehrungen, Verzicht, Krankheit, Schmerz und Leid. Nur dadurch können wir die Quelle unserer ureigensten Kraft entdecken, die in uns schlummert. Nur dadurch, indem wir trotzdem, trotz, oder im Endeffekt *dank* des Leidens „gut" bleiben oder werden, können wir wachsen und ein geistig höheres Entwicklungsstadium erreichen. Nur durch Anstrengungen, indem wir uns im Leid an uns selbst messen und uns bewähren müssen, ist uns die Möglichkeit gegeben, den harten, steinigen Weg zum Gipfel zu bewältigen, den Weg zur Erleuchtung, zur Vereinigung mit dem, der uns leitet. Die Erkenntnis dieser Gesetzmäßigkeit ist die Pforte zu dem Weg, denn nur der mühsamste und steilste Pfad führt zu dem Punkt, der uns die weiteste Sicht bietet. Wie leicht ist es doch „gut" zu sein, wenn für alle unsere Bedürfnisse gesorgt ist, wenn wir auf den bequemsten, ebenen Wegen gehen dürfen oder wenn wir uns, wie auf einem Boot liegend, mit dem Strom vorwärts treiben lassen können. Doch dabei erlahmt unsere „geistige Kraft", die sich zu einem ungeheuren Potenzial entwickelt kann, sobald sie gefordert wird, sich am Widerstand messen und gegen den Strom ankämpfen muss. Bei widrigen Umständen, bei Verlust unserer materiellen Sicherheit, bei angreifendem Feind – *bleiben* wir dann noch „gut"?

Wir wissen es von unserer Muskelkraft, von unseren Gehirnzellen und auch von unserem Geist: Lassen wir diese Gottesgaben brach liegen, dann verkümmern sie – missbrauchen wir sie gar zum Unguten, fällt dies einst auf uns zurück nach dem Gesetz von Ursache und Wirkung. Gott aber straft nicht, er prüft. Wir selber sind es, die uns strafen, indem wir fehlbar werden und sich dieses

Gesetz vollzieht. Und manchmal liegt die „Strafe“ schon allein in der verpassten Chance „besser“ zu werden.

„Dein Wille geschehe wie im Himmel, so auf Erden“:
Ob Körperwesen, ob Geistwesen oder Engel, wir alle werden in diesem Sinne von Gottes unermesslicher Weisheit geführt. Er teilt uns die Aufgaben zu, wie im Himmel so auf Erden. Er weiß um unsere Bestimmung. Er führt uns in Freud und Leid. Er lässt die richtigen Menschen sich zur richtigen Zeit begegnen. Selbst der vermeintlich als „falsch“ Erkannte ist eben gerade als Lehrmeister wiederum der Richtige für eine bestimmte Zeit und eine bestimmte Lektion, wie wir meist erst viel später erkennen.

In unserer heutigen konsumwütigen Gesellschaft sollten wir es uns immer wieder bewusst machen, dass es keine Selbstverständlichkeit ist, Nahrung zu haben. *„Unser täglich Brot gib uns heute“* – mit dieser Bitte drücken wir unsere Dankbarkeit aus, wenn wir zu jenen begünstigten Menschen gehören, die Tag für Tag sowohl körperliche wie auch geistige Nahrung erhalten. Dankbarkeit auch dafür, die Möglichkeit zu haben, sie zu erringen, zu erarbeiten, zu verdienen als Lohn, als Geschenk, als Gnade. Nahrung – Brot für den Geist und den Körper, jenen Tempel der Seele. Den Tempel, den es zu pflegen, zu nähren und zu erhalten gilt.

Untrennbar wie bei der Nächstenliebe sind das Du und das Ich in der Schuldvergebung verbunden.
Wir beten: *„Vergib uns unsere Schuld, wie auch wir vergeben unseren Schuldigern“* – damit sprechen wir eine Gesetzmäßigkeit an, welche schwer zu befolgen und manchmal kaum zu ertragen ist. Wenn wir uns „schuldig“ machen, fällt die nicht bestandene Prüfung auf uns selbst zurück. Wir müssen sie

wiederholen oder sie wird uns anhand desselben Leides, das einst wir anderen zugefügt haben, an uns selbst deutlich gemacht. Auch Schuld und Sühne vollziehen sich gemäß dem Gesetz von Ursache und Wirkung. Wir sind selber für unsere Taten verantwortlich. Nicht Gott straft uns, nicht Gott rächt sich, Gott leitet uns in seiner beständigen Güte zu der Möglichkeit der Sühne für unsere Fehler, unter Umständen durch schmerzhafte Lektionen, damit wir Einsicht und Erkenntnis erlangen. Gott liebt uns, Gott sieht mit Wehmut, wenn wir fehlbar werden, wenn wir uns mit Schuld beladen, denn er möchte uns, als Allmacht des Guten, zu sich, weg vom niederen Ego zum Licht führen. Im allerletzten Sinn kann uns und unseren Schuldigern nur durch die allem überlegene Gerechtigkeit Gottes vergeben werden. Unsere Aufgabe auf der irdischen Ebene ist aber dennoch, uns um Verständnis gegenüber den Schwächen derer, die uns verletzt haben, zu bemühen, um ihnen liebend – von Mensch zu Mensch – vergeben zu können. *„Herr vergib ihnen, denn sie wissen nicht was sie tun“,* bat auch Jesus, der uns dies vorlebte, unseren Vater. Doch sollten wir einen Schuldiger nicht nur zu verstehen suchen, sondern ihm auch widerstehen und Signale setzen, da wir sonst unseren uns verletzenden Nächsten um eine für ihn wachstumswichtige spirituelle Lektion bringen. Vergeben, wenn auch nicht ausgelöscht ist die Schuld im Moment der Einsicht, verbunden mit dem tiefen Wunsch, alte Denk- und Handlungsweisen nicht mehr zu wiederholen. Bei sich selbst sollte man beginnen und alsdann seinem Schuldiger eine hilfreiche Hand leihen, ihn aus tiefster Einsicht zu verstehen suchen und die Vergebung seiner und unserer Schuld der übergeordneten Weisheit Gottes anvertrauen.

Kein Mensch trägt nur das Gute in sich. Wir alle tragen auch die Keime zum „Bösen“ und somit die Versuchung, oder die

Möglichkeit, in Versuchung geführt zu werden, in uns. Um uns davor mit Gottes Hilfe zu schützen, beten wir: *„.....und führe uns nicht in Versuchung, sondern erlöse uns von dem Bösen."*

Schon als kleines Kind kommen wir mit Neid, Eifersucht, Hass und Machttrieb in Berührung und können somit der Versuchung erliegen, einem anderen Menschen wehzutun, beispielsweise für die geteilte Liebe der Mutter, wenn uns ein kleines Geschwisterchen geboren wird, das uns scheinbar oder auch wirklich vorgezogen wird. Ein Kind hat seinen Schmerz jedoch noch nicht unter Kontrolle, es handelt noch instinktiv und spontan, sei es um seine verletzten Gefühle abzureagieren, unter Einfluss einer starken Person oder auch um seine Kraft zu erproben. Als erwachsener Mensch aber haben wir durch die Gabe des Denkens und die mahnende Sprache des Gewissens, durch unsere Erfahrung und durch das Erkennen des Schmerzes bei uns selbst und anderen Kreaturen - sei es Mensch oder Tier - die Möglichkeit unsere Schwächen zu lenken, zu korrigieren und der Versuchung zu entrinnen. Versuchungen sind nicht auszuschalten aus unserem Leben, sie gehören dazu wie unsere Schwäche, ihnen erliegen zu können. Sie bedeuten für uns weitere Prüfungen, denen es zu widerstehen gilt, wenn sie uns vom Wachstum zum Guten hin abbringen wollen. Unsere innere Stimme der religiösen Ethik – das Gewissen – warnt davor, uns von unserem göttlichen Auftrag abzuwenden. Albert Schweitzer, der tief über das Leiden aller Lebewesen nachgedacht hat, kam zu folgender Erkenntnis: *„Ethik ist ins Grenzenlose erweiterte Verantwortung gegen alles, was lebt."* [17]

Im Gebet wenden wir uns darum an Gott – die Macht des absolut Guten – und bitten ihn um seinen Beistand, wenn wir schwanken und einer Versuchung zu erliegen drohen. Eigentlich bitten wir ihn um seinen Beistand, der Versuchung in uns zum Bösen hin nicht nachzugeben. Wir beten darum, dass er uns unterstütze in unserem Kampf *für* das Gute in uns und *gegen* unser niederes Ego-Selbst. Gott prüft uns und blickt auf uns, wenn wir zu straucheln drohen. Aber er erlöst uns auch davon – sei es, dass das „Böse“ ein persönlicher Schwachpunkt in uns selbst sei oder dass es durch einen anderen von Außen an uns herantritt –, wenn wir es erkennen, uns bemühen und Gott dabei innigst um Hilfe bitten. Er steht uns bei, indem er uns die Möglichkeit gibt durch Einsicht zu reifen und am Bösen durch Widerstand und Überwindung zu erstarken, es zu besiegen und über es hinauszuwachsen.

Und zum Zeichen unseres Glaubens und unseres Vertrauens in Gott legen wir unser Geschick betend in seine mächtigen Hände:
„Denn dein ist das Reich und die Kraft und die Herrlichkeit in Ewigkeit.“
Dein ist auch mein, ist unser Reich, unsere Herrlichkeit in der Ewigkeit. Wenn wir unsere Lektionen bestanden haben und geläutert sind, dann werden wir zu Gott finden in sein allumfassendes Reich der ewigen Liebe. Wir werden uns geborgen fühlen in seiner Kraft und in Reinheit und unendlichem Seelenfrieden in seine Herrlichkeit eingehen.

Dies ist mein Credo und die geschilderten Erfahrungen zeigen meinen Weg, der mich dahin führte, wo ich heute stehe. Geboren in diese Welt, um zu lernen, um mich dem Licht – Gott – zuzuwenden und dem Dunkel zu widerstehen. Geboren als Seele, die vorher schon existierte, die von unserem Schöpfer mit einer Bestimmung auf diese Erdenreise geschickt wurde und dereinst nach dem irdischen Tod als Seele wieder auferstehen und weiterleben wird in anderen Gefilden. Gott hat es uns durch seine absolute Gerechtigkeit bewiesen, indem er Jesus Christus, seinen

Sohn, es uns vorleben und ihn auch sterben ließ, um uns durch dessen Auferstehung von einem Weiterleben der Seele und der Unsterblichkeit des Geistes überzeugen zu können. „Beweise“ für ein vorheriges inkarniertes Leben oder ein späteres brauche ich nicht, bin ich doch restlos ausgefüllt mit meinen Aufgaben in diesem jetzigen Erdendasein und dem Weg, auf dem ich mich in diesem Leben befinde.

Es ist ein Weg, den ich mal leichtfüßig, manchmal schleppenden Schrittes gegangen bin. Ein Weg, der gepflastert war mit Freude und Leid. Ein Weg, auf dem ich mal mutig, mal angstverkrampft war und ein Weg, auf dem auch ich schon beinahe zusammengebrochen wäre. Keine frühe, bequeme Offenbarung also, die mich dann das tun ließ, was ich heute tue, sondern ein langer Weg der mühseligen kleinen Schritte hat mich dazu geführt. Ein Schritt führte zum nächsten, ohne dass er vom eigenen Willen erzwungen worden wäre, wie einer geheimnisvollen Gesetzmäßigkeit folgend – vielleicht aus Vorbestimmung, bestimmt aber durch Fügungen einer für uns unsichtbaren göttlichen Hand. Alles hat sich über Jahre hinweg durch eigene körperliche und seelische Leidenserfahrungen, durch Verzweiflung, Gebete, Meditation, immer wieder neu belebte Hoffnung und erfahrene Hilfe entwickelt. Schließlich – indem ich wundersamerweise immer wieder aufgerichtet wurde und die Zusammenhänge zwischen den Schicksalsschlägen meines Lebens und der uns übergeordneten göttlichen Fügung erkannte - leitete es mich zu meinem jetzigen tiefen Glauben und meinem errungenen oder wiedergefundenen Urvertrauen, das mir durch Gnade neu geschenkt wurde. Daraus schöpfe ich die Kraft, mit der ich heute wirke, so wurde ich geführt an den Ort, wo ich heute stehe.

Mein Weg war geprägt von Zeichen, wundersamen Weichenstellungen und Fügungen einer höheren, weisen Macht.

Er war geprägt von Freuden und Heiterkeit, von Krankheit und Leiden, von Begegnungen mit schönen Seelen und von tragischen Verlusten geliebter Menschen, die mich im Innersten erschütterten und mir doch gerade dadurch auch neue Dimensionen öffneten. Doch alles hatte etwas Schicksalhaftes. *„Es gilt im Leben darauf aufzupassen, wann das Stichwort für einen kommt."* – Ich bin überzeugt, dass dieses Stichwort nicht im hinlänglichen Sinne „zufällig" kommt, sondern es uns „zu-fällt" weil es von einer göttlichen Macht „zugeschickt" wird, also „Schicksal" ist. Gott ließ das richtige Buch zur richtigen Zeit zu mir kommen. Er sandte mir den richtigen Menschen zur richtigen Zeit. Ich habe gelernt, geheimnisvolle Zeichen wahrzunehmen, um dann in aufmerksamer Bereitschaft abzuwarten, bis sie sich von selbst entschlüsselten. Ich vertraue der göttlichen Weisheit, die uns etwas lehren will, uns zu etwas hinführen möchte und uns zur Auseinandersetzung mit dem Leiden zwingt. Der Sinn unseres Lebens und Leidens ist Geheimnis Gottes, er ruht in seinem Wissen und bleibt Teil seines unergründlichen und unserer Intelligenz übergeordneten Planes.

Ich glaube etwas davon zu ahnen und dieses „Ahnen", dieses wiedergefundene Urvertrauen ist tief in mir verankert und erfüllt mich mit Gelassenheit. Es glüht wie ein kleines Licht in mir, ist lediglich ein Gefühl, das nicht in Worte zu fassen ist, doch dieses Gefühl kommt einem Wissen gleich. Und mit diesem „Wissen", diesem Ahnen um einen großen Geist Gottes lasse ich geschehen, was mir zugefügt wird und was diese höchste Weisheit bestimmt.

Anmerkungen:

[1] Josef Löbel: Knaurs Gesundheits-Lexikon. Th. Knaur, Berlin 1930, S. 188.

[2] Andrew Solomon: Saturns Schatten. S. Fischer, Frankfurt am Main 2001, S. 484.

[3] Samuel Pfeifer: Der sensible Mensch. R. Brockhaus, Wuppertal [2]2002, S. 192.

[4] Johanna Spyri: Heidi. GS, Basel 1997.

[5] Dieter Beck: Krankheit als Selbstheilung. Insel, Frankfurt am Main 1981.

[6] Richard Mackarness: Allergie gegen Nahrungsmittel und Chemikalien. Hippokrates, Stuttgart [3]1986.

[7] Anne Calatin: Die Rotations-Diät: Diagnose und Hilfe bei Nahrungsmittelallergien. Heyne, München 1992.

[8] Carl Gustav Jung: Vom Leiden und Heilen. Walter, Olten und Freiburg im Breisgau 1991, S. 118.

[9] Viktor E. Frankl: Der Mensch vor der Frage nach dem Sinn. Serie Piper, München 1998, S. 76.

[10] ebd., S. 73.

[11] Jung, a. a. O., S. 68.

[12] Elisabeth Kübler-Ross: Interviews mit Sterbenden. Gütersloher Verlagshaus Mohn, Gütersloh [11]1983.

[13] Theron G. Randolph, Ralph W. Moss: Allergien: Folgen von Umwelt und Ernährung. C. F. Müller, Karlsruhe [5]1990.

[14] Anne Calatin: Zeitkrankheit Nahrungsmittel-Allergien. Heyne, München [2]1990.

[15] Frankl, a. a. O., S. 73.

[16] Albert Schweitzer: Worte über das Leben. Herder, Freiburg im Breisgau 1990, S. 111.

[17] ebd., S. 10.

Hilfreiche Adressen:

Offene Kirche Elisabethen, Basel
Elisabethenstrasse 10
4051 Basel
Tel. +41 (0)61 272 03 54
Email: esb.oke@smile.ch
www.offenekirche.ch/basel.asp

Handauflegen und Gespräch
jeden Donnerstag (außer Juli) von 14 – 18 Uhr.

Heilungsfeiern
jeden ersten Sonntag der Monate 3, 6, 9 & 12 um 18 Uhr.

Kirche Offener St. Jakob am Stauffacher, Zürich
Tel. Information +41 (0)1 242 88 72
Email: anselmburr@datacomm.ch
www.offener-st-jakob.ch

Hände-Auflegen, Gespräch, Segen
jeden Samstag von 13 – 16 Uhr.

Reformierte Kirchgemeinde Thun-Strättingen
Handauflegen und Segnungsfeiern
sowie Gelegenheit zu einem persönlichen Gespräch.

Prospekte, genaue Daten und andere Informationen
Pfr. Jan Veenhof, Herzogenacker 45 K, 3645 Gunten.
Tel. +41 (0)33 251 02 90

Schweizerischer Verband für Natürliches Heilen (SVNH)
Postfach
3004 Bern
Tel. +41 (0)31 302 44 40
Mo – Fr 9 – 11.30 und 14 – 16.30 Uhr

Infodienst Dachverband für Geistiges Heilen in Deutschland
Steigerweg 55
69115 Heidelberg
Tel. +49 (0)622 116 96 06
www.dgh-ev.de